James E

Por Un..... Library,

https://campsite.bio/unitedlibrary

Índice

Descargo de responsabilidad

Este libro biográfico es una obra de no ficción basada en la vida pública de una persona famosa. El autor ha utilizado información de dominio público para crear esta obra. Aunque el autor ha investigado a fondo el tema y ha intentado describirlo con precisión, no pretende ser un estudio exhaustivo del mismo. Las opiniones expresadas en este libro son exclusivamente las del autor y no reflejan necesariamente las de ninguna organización relacionada con el tema. Este libro no debe tomarse como un aval, asesoramiento jurídico o cualquier otra forma de consejo profesional. Este libro se ha escrito únicamente con fines de entretenimiento.

Introducción

El libro de James Buchanan, se adentra en la tumultuosa época del 15º Presidente de los Estados Unidos, un hombre cuyo liderazgo durante un periodo crítico de la historia estadounidense ha dejado un perdurable legado de debate y escrutinio. La presidencia de James Buchanan, de 1857 a 1861, estuvo marcada por intensas luchas políticas y, en última instancia, por intentos fallidos de evitar el estallido de la Guerra Civil.

Nacido en 1791, la temprana carrera política de Buchanan se caracterizó por su afiliación a distintos partidos, desde los federalistas hasta el Partido Demócrata. Su servicio diplomático, incluido su papel como ministro ante Rusia y el Reino Unido, hizo honor a sus dotes para las relaciones internacionales. La elección de Buchanan como presidente en 1856 marcó un punto de inflexión en la política estadounidense, ya que heredó una nación profundamente dividida y al borde de la guerra por cuestiones como la esclavitud y los derechos de los estados.

El libro analiza la compleja postura de Buchanan sobre la esclavitud, su intervención en el caso Dred Scott y su apoyo a las políticas proesclavistas en Kansas, que intensificaron aún más las tensiones entre las distintas secciones. Como líder que intentó navegar por un país profundamente dividido, la presidencia de Buchanan ha sido muy criticada, y los historiadores lo sitúan a menudo entre los peores presidentes de Estados Unidos.

"James Buchanan: Un Presidente Dividido" también profundiza en la vida personal de Buchanan, incluida su soltería de por vida, que ha suscitado debates sobre su orientación sexual. Se examina a fondo su legado duradero como líder que no logró evitar el estallido de la Guerra Civil y los retos posteriores a los que se enfrentó para reconciliar a una nación fracturada.

Esta biografía ofrece una visión completa y sugerente de la presidencia de James Buchanan, proporcionando una visión de las complejidades de su liderazgo, las controversias que definieron su época y el impacto duradero de sus decisiones en los Estados Unidos.

James Buchanam

James Buchanan (* 23 de abril de 1791 en Peters Township, condado de Franklin, Pensilvania; † 1 de junio de 1868 en Lancaster, Pensilvania) fue un político estadounidense y decimoquinto presidente de Estados Unidos entre 1857 y 1861.

Buchanan procedía de una familia relativamente acomodada, descendiente de inmigrantes escoceses del Ulster. Tras estudiar en el Dickinson College, aprendió la abogacía en Lancaster, lo que le proporcionó una riqueza considerable. En 1814 ingresó en la Cámara de Representantes de Pensilvania y más tarde representó a su estado en ambas cámaras del Congreso. Influido por el programa de *la Democracia Jacksoniana*, fue un leal demócrata durante toda su vida. Con el presidente James K. Polk fue Secretario de Estado; con los presidentes Andrew Jackson y Franklin Pierce fue enviado al Imperio Ruso, y más tarde al Reino Unido de Gran Bretaña e Irlanda. Tras varios intentos infructuosos en las primarias presidenciales, ganó en la convención de nominación demócrata de 1856 y en las siguientes elecciones presidenciales.

Como opositor al abolicionismo y simpatizante de los estados del Sur, influyó decisivamente en la decisión del

Tribunal Supremo en el caso *Dred Scott contra Sandford* incluso antes de su toma de posesión. Al hacerlo, no sólo demostró su postura favorable a la esclavitud, sino que también violó el principio de separación de poderes. Su predisposición a favor del Sur se reflejó en la composición del gabinete y en el sistema de botín. Debido a su antagonismo con Stephen Douglas, Buchanan se fue distanciando cada vez más de amplios sectores del partido. De acuerdo con *la democracia jacksoniana,* hizo poco ante la crisis económica de 1857, mientras que en el conflicto con los mormones de Brigham Young hizo un mayor uso de sus poderes y llevó la guerra de Utah a un acuerdo negociado. En el violento conflicto constitucional de Bleeding Kansas sobre la esclavitud en los territorios, Buchanan apoyó a la administración antiabolicionista de Lecompton y ejerció influencia en el Congreso en consecuencia. Esto implicó sobornos, que más tarde fueron investigados por la Comisión Covode. Para Buchanan, la Comisión del Congreso no tuvo consecuencias legales, pero su reputación sufrió un daño considerable. Para las elecciones presidenciales de 1860, Buchanan, que no volvió a presentarse, había dividido tanto a los demócratas que las alas norte y sur no pudieron ponerse de acuerdo sobre un candidato común y el republicano Abraham Lincoln ganó la contienda.

En política exterior, Buchanan siguió una línea expansionista en la línea *del Destino Manifiesto,* siendo la compra de Cuba en particular su principal objetivo no alcanzado. Buchanan tuvo más éxito en la pacificación del conflicto porcino con Gran Bretaña, creando una base para las negociaciones de la posterior compra de Alaska a Rusia e incluyendo a Estados Unidos como parte en el Tratado de Tianjin con China. Históricamente, Buchanan figura entre los presidentes estadounidenses más duros en política exterior y se le considera el expansionista más vehemente antes de Theodore Roosevelt.

En la crisis de secesión que siguió inmediatamente a la elección de Lincoln, Buchanan se mostró en gran medida pasivo. Aceptó que Carolina del Sur y otros estados sureños abandonaran la Unión, se apoderaran de propiedades federales y formaran los Estados Confederados de América en febrero de 1861, antes de que Lincoln tomara posesión. Aunque calificó de ilegal la secesión en diciembre de 1860, sostuvo que ni el presidente ni el Congreso tenían autoridad para impedir por la fuerza que los estados individuales lo hicieran. No fue hasta la crisis de Fort Sumter, cuya rendición exigió Carolina del Sur, cuando estalló abiertamente el conflicto entre Buchanan y los estados secesionistas. Cuando los miembros del gabinete leales a la Unión le instaron a poner fin a su política de apaciguamiento hacia el Sur, dio luz verde al refuerzo del fuerte en enero de 1861. Tras ceder el cargo a Lincoln, Buchanan se retiró de la política. En 1866 publicó una autobiografía en la que defendía su presidencia frente a ataques a veces agudos, y murió dos años después.

Después de que Buchanan fuera esbozado como pacificador por la historiografía estadounidense pro sureña de entonces hasta la Segunda Guerra Mundial, desde entonces ha sido ampliamente considerado como uno de los presidentes más débiles y su gabinete como uno de los más corruptos de la historia de Estados Unidos. Algunos historiadores, por el contrario, sostienen que el corpus de investigaciones sobre Buchanan es demasiado desigual como para considerarlo el peor presidente de la historia de Estados Unidos. Hasta la fecha, es el único presidente de la historia de Estados Unidos que permaneció soltero. Todavía hoy se especula sobre la posible homosexualidad de Buchanan.

Vida

Educación y formación

James Buchanan nació en abril de 1791 en una sencilla cabaña de madera en Stony Batter, actual municipio de Peters, en las montañas Allegheny del sur de Pensilvania. Era el segundo de once hermanos, con seis hermanas y cuatro hermanos, y el hijo mayor de James Buchanan, padre (1761-1821) y su esposa Elizabeth Speer (1767-1833). Su padre era un irlandés-estadounidense que emigró del condado de Donegal en 1783. Procedía del clan Buchanan, cuyos miembros habían emigrado cada vez más desde las Tierras Altas escocesas a Irlanda y más tarde a América desde principios del siglo XVIII debido a la hambruna y a la persecución religiosa como presbiterianos y son conocidos como escoceses del Ulster. Educado y ambicioso, vivió primero con un tío rico en York tras llegar a los jóvenes Estados Unidos, antes de adquirir en 1787 un puesto comercial en Stony Batter, situado en una encrucijada de cinco rutas de transporte en lo que entonces era la frontera ("frontier country"). En 1788 regresó a York por poco tiempo para casarse con Elizabeth Speer. Ella también tenía raíces escocesas-irlandesas y era presbiteriana. En su autobiografía inacabada, Buchanan atribuyó a su madre su educación temprana, mientras que su padre influyó más en la formación de su carácter. Así, su madre ya discutía con él asuntos políticos en su infancia y citaba a John Milton y William Shakespeare.

En 1791, la familia se trasladó a una granja más grande en los alrededores de Mercersburg y tres años más tarde, gracias al ascenso social de su padre, a una casa de ladrillo de dos plantas en la propia ciudad. Aquí Buchanan Sen. se dedicó a los negocios y pronto se convirtió en el ciudadano más rico del pueblo. James asistió primero a una escuela pública de Mercersburg, la Old Stone Academy. Aquí, el plan de estudios, habitual en la época, incluía elementos educativos clásicos como latín, griego y matemáticas. A partir de 1807, Buchanan asistió al Dickinson College de Carlisle gracias al apoyo de su padre. En 1808 fue expulsado del colegio por alteración del orden público; con sus compañeros de estudios había atraído una atención negativa por sus borracheras en las tabernas locales y los disturbios nocturnos relacionados con ellas, así como por actos de vandalismo. Buchanan comentó más tarde en sus memorias que se había dedicado a estas actividades para que su entorno lo considerara valiente e ingenioso. Gracias a la intervención del director de la escuela presbiteriana y de la junta de gobierno del colegio, fue readmitido en las clases y se graduó al año siguiente con buenas notas, aunque no las sobresalientes que creía merecer. Después se fue a Lancaster, entonces capital de Pensilvania, para ser aprendiz durante dos años y medio del conocido James Hopkins. Dado que en aquella época sólo se impartían estudios de Derecho en tres universidades, los aprendizajes jurídicos solían adoptar la forma de formación profesional. Siguiendo la moda de la época, la educación de Buchanan, que duró hasta 1812, incluyó no sólo el Código y la Constitución de los Estados Unidos, sino también la discusión de autoridades jurídicas como William Blackstone. Autodisciplinado, adquirió el pensamiento sistemático y la orientación al precedente característicos del derecho consuetudinario que más tarde conformarían sus principios y actividades políticas. Como aprendiz, se convirtió en una imagen habitual en el centro de la ciudad, utilizando los soliloquios como método de aprendizaje mientras paseaba.

Ejercicio de la abogacía y en la Cámara de Representantes de Pensilvania

Tras realizar el examen oral de abogacía y ser admitido en el colegio de abogados, permaneció en Lancaster incluso cuando Harrisburg se convirtió en la nueva capital de Pensilvania en 1812. Buchanan se estableció rápidamente entre los representantes legales de la ciudad como el hombre a seguir. Sin embargo, debido en gran parte a los consejos de prudencia de su padre, su personalidad siguió siendo de cautela y moderación, carente del optimismo previsor que caracteriza a muchos líderes políticos.

Aunque se le consideraba un gran conversador, carecía de sentido del humor. Como abogado, era generalista y se ocupaba de todo tipo de casos en el distrito judicial que se extendía por el sur de Pensilvania. Incluso como novato, buscó casos destacados para elevar su perfil y su cotización, describiéndose el estilo de su negociación como persistente y directo, pero poco imaginativo. El éxito profesional le convirtió rápidamente en un hombre de recursos y le granjeó la amistad de destacados políticos del estado. Así, los últimos ingresos anuales antes de su elección al Congreso de Estados Unidos en 1821 rondaban los 175.000 dólares en la moneda actual.

En esta época se hizo miembro de una logia masónica y más tarde su maestro de silla. También fue presidente de la sección de Lancaster del Partido Federalista. Al igual que su padre, apoyó su programa político, que preveía fondos federales para proyectos de construcción y derechos de importación, así como el restablecimiento de un banco central tras la expiración de la licencia del Primer Banco de los Estados Unidos en 1811. En consecuencia, se opuso al presidente James Madison, que pertenecía a los demócrata-republicanos, y a su gestión de la guerra británico-estadounidense. Aunque él mismo no sirvió en la milicia durante la Guerra de 1812, durante la ocupación británica se unió a un grupo de jóvenes que robaban caballos para el ejército de Estados Unidos en la zona de Baltimore. En 1814 fue elegido por los federalistas para la Cámara de Representantes de Pensilvania, de la que era el miembro más joven, y ocupó el escaño hasta 1816. A esta victoria electoral siguieron diez más en los años siguientes, hasta que fue rechazado como senador por la Legislatura del Estado en 1833. Cuando más tarde sus oponentes dentro del Partido Demócrata le acusaron de su orientación federalista de aquellos primeros años, él afirmó que simplemente había sucedido a su padre en los federalistas. En 1815, defendió al juez de distrito Walter Franklin en un proceso de destitución ante el Senado de Pensilvania. Franklin había fallado a favor de este último en un caso clásico de conflicto entre los estados y el gobierno federal. Como en aquella época la línea que separaba el abuso de poder sancionable de un error judicial dependía de las preferencias de los partidos gobernantes y de la popularidad de la sentencia del juez, este tipo de procesos de destitución eran más habituales. Buchanan logró convencer a los senadores con el argumento de que sólo los delitos judiciales y las violaciones claras de la ley justificaban la destitución.

Por lo general, Buchanan frenó su ambición y, debido a la inclinación de su padre por el pesimismo, veía cada avance como posiblemente el último paso en su carrera. Como las sesiones de la Asamblea General de Pensilvania duraban sólo tres meses, siguió ejerciendo la abogacía con beneficios, cobrando honorarios más altos y teniendo una clientela más solvente debido a su actividad política. En esta época mantuvo una relación sentimental con Ann Coleman en Lancaster. El padre de Coleman, al igual que Buchanan padre, procedía del condado irlandés de Donegal y era presbiteriano. Tras hacerse rico como fabricante de hierro, era considerado uno de los hombres más ricos de Pensilvania. En el verano de 1819, Buchanan y Coleman se habían prometido de la manera informal habitual en la época, pero pusieron fin a su relación en otoño de ese mismo año. Desde la perspectiva de Coleman, la ruptura se debió aparentemente a la negligencia de Buchanan, que prestaba más atención a su carrera que a ella. Ella le acusó de interesarse sólo por su dinero. Por parte de Buchanan, el fin de la relación pudo deberse a su posible homosexualidad, de la que aún hoy se discute. Compuesto, se fue al condado de Dauphin por negocios inmediatamente después de la ruptura, mientras Coleman, presionada por su madre, se fue a Filadelfia a recuperarse. Aquí murió inexplicablemente de "convulsiones histéricas" poco después de llegar, con sólo 23 años. Su padre prohibió a Buchanan asistir al funeral y al entierro. Posteriormente, Buchanan hizo circular la leyenda de que permaneció soltero por devoción a su único amor, que murió joven. En 1833 y a los cincuenta años, habló de planes matrimoniales, pero quedaron en nada y puede que se debieran simplemente a sus ambiciones de ocupar un escaño en el Senado federal o en la Casa Blanca. En este último caso, la aspirante era Anna Payne, de 19 años, sobrina de la ex primera dama Dolley Madison. Así, a día de hoy, es el único presidente de la historia de Estados Unidos que ha permanecido soltero toda su vida. También destaca en su época, ya que sólo el tres por ciento de los hombres estadounidenses no se casaron hasta la Guerra de Secesión.

En la Cámara de Representantes de Estados Unidos (1820-1831)

En las elecciones al Congreso de 1820, Buchanan se presentó como candidato a un escaño en la Cámara de Representantes. Poco después de su victoria electoral, su padre murió en un accidente de carruaje. Buchanan pertenecía a la facción de los republicano-federalistas, cuyo programa de partido mixto indicaba la transición del sistema del Primer Partido, caracterizado por la competencia entre federalistas y demócrata-republicanos, a la *Era de los Buenos* Sentimientos. En esta era, los Demócrata-Republicanos emergieron como el único partido influyente. De todos modos, las convicciones federalistas de Buchanan no habían sido muy firmes. Ya como congresista en Harrisburg, un colega le había instado a cambiar de partido cuando se opuso a un proyecto de ley nativista federalista que excluía a los ciudadanos naturalizados de los cargos electivos en el estado. Durante la presidencia de James Monroe,

Buchanan se inclinó cada vez más hacia las posiciones de los demócratas modernos surgidos en torno a Andrew Jackson. Después de que Jackson perdiera las elecciones presidenciales de 1824, se unió a su facción. Ésta, sin embargo, sólo sentía desprecio por Buchanan porque malinterpretó como traición sus esfuerzos de mediación entre los bandos de Clay y Jackson antes de la votación decisiva sobre la presidencia en la Cámara de Representantes. Hasta el final de su vida, se sintió comprometido con los objetivos y el contenido de *la Democracia Jacksoniana,* que desencadenó un realineamiento de las condiciones políticas en los años siguientes. Sus mensajes centrales eran el fortalecimiento de la soberanía popular mediante la ampliación del derecho al voto, el aumento del poder de los estados federales y la limitación de los poderes federales. Sólo en la cuestión de los derechos de importación se desvió de la línea del partido y abogó por su aumento, por deferencia al electorado de Pensilvania. En la década de 1830, Buchanan se había convertido en un firme defensor de los derechos *de los estados,* guiado por la 10ª Enmienda de la Constitución, sin cuestionar la Unión Americana. Como la mayoría de los demócratas, Buchanan creía que Estados Unidos era simplemente la suma de sus estados.

Buchanan fue representante de los Estados Unidos hasta el 21º Congreso inclusive. Su primer discurso ante la Cámara en la sesión de 1821/22 versó sobre la financiación del Ejército de Estados Unidos. Su árida retórica anticipaba sus posteriores intervenciones en los debates, caracterizadas por una cuidadosa preparación, pruebas y refutaciones, y divagaciones sentimentales. Desde el principio, buscó la proximidad de los congresistas de los estados del Sur, mientras que consideraba radicales a los de Nueva Inglaterra. Las amistades importantes con los sureños fueron las que mantuvo con William Lowndes, Philip Pendleton Barbour y John Randolph de Roanoke. La corta distancia a su circunscripción le facilitó el acceso a sus electores, lo que le permitió forjar una coalición demócrata en favor de Jackson en Pensilvania a partir de antiguos granjeros federalistas del norte, artesanos de Filadelfia y escoceses-americanos del Ulster en el oeste. En las elecciones presidenciales de 1828, se hizo con el control de ese estado, mientras que en las elecciones paralelas al Congreso, los "demócratas jacksonianos", que se presentaban por primera vez como partido independiente tras escindirse del Partido Republicano Nacional, obtuvieron una fácil victoria.

Durante sus diez años en el Congreso, su talento e influencia fueron considerados mediocres. Estaba por detrás de líderes como Henry Clay, John C. Calhoun y Daniel Webster. Por otra parte, Buchanan no pertenecía a la facción de congresistas de perfil bajo e incompetentes con problemas de alcoholismo que poblaban el Capitolio en gran número en aquella época. Logró la mayor atención durante un juicio político en el que compareció como fiscal del juez federal de distrito James H. Peck. Este último había encarcelado en St. Louis a un abogado que había criticado sus decisiones. En la Cámara de Representantes, el proceso no se había iniciado hasta que Buchanan se convirtió en presidente del *Comité* Judicial de la *Cámara de Representantes de los Estados Unidos* ("Comité Judicial de la Cámara"). En la audiencia del Senado, Buchanan argumentó que Peck había infringido penalmente los requisitos de la Constitución de EE.UU. y de la ley federal. Debía ser condenado, argumentó, porque de lo contrario se cedería a su arbitrariedad judicial. Finalmente, el Senado no siguió el alegato de Buchanan y absolvió a Peck por mayoría de un voto. Su mayor éxito político como representante llegó al final de su mandato. En ese caso, los miembros del Comité Judicial habían decidido, sin su consentimiento, revocar parcialmente la Ley Judicial de 1789. Esto habría privado al *Tribunal Supremo del* derecho de primera instancia y de jurisdicción como tribunal federal de apelación a nivel estatal; sólo habría entrado en juego a través de los tribunales de circuito y federales de apelación. A pesar de ser un abierto defensor de *los derechos de los estados*, Buchanan consideraba que esto dañaba gravemente la autoridad de esta institución y, por tanto, de la Constitución en su conjunto. Se pronunció en consecuencia en la Cámara de Representantes, que al final rechazó la recomendación del Comité Judicial.

Cuando empezó a formar parte del Congreso, el panorama político seguía dominado por el debate sobre el recién aprobado Compromiso de Misuri, que proscribía la esclavitud al norte de los 36° 30′, equilibrando así el número de estados libres y esclavos en doce cada uno. Incluso 30 años después, Buchanan seguía confiando en que este acuerdo fuera suficiente para zanjar la cuestión de la esclavitud, aunque este conflicto se mantuvo virulento a lo largo de su carrera y dominó el discurso público. En 1830, por ejemplo, él mismo divagó sobre una cuestión de política exterior relativa a un enviado a Panamá y comentó la esclavitud. Argumentó que la *peculiar institución*, como se la llamaba eufemísticamente en los estados del Sur, era un mal político y moral, pero que no había remedio. Buchanan pintó el espectro de que la liberación de los esclavos conduciría inevitablemente a una "masacre de la noble y caballerosa clase masculina del Sur". En 1831 rechazó una candidatura al 22º Congreso de los Estados Unidos por su circunscripción, formada por los condados de Dauphin, Lebanon y Lancaster. Siguió teniendo ambiciones políticas y algunos demócratas de Pensilvania le propusieron como candidato a la vicepresidencia en las elecciones de 1832. Jackson, sin embargo, optó por Martin Van Buren como compañero de fórmula y ofreció a Buchanan la legación al Imperio Ruso a finales de 1831.

Enviado al Imperio ruso (1832-1833)

A regañadientes, Buchanan aceptó el puesto. Por un lado, la lejana San Petersburgo era una especie de exilio político, que era lo que pretendía Jackson, que consideraba a Buchanan un "entrometido incompetente" y poco digno de confianza. En segundo lugar, no conocía la lengua francesa, algo habitual en la diplomacia de la época, y era reacio a abandonar su práctica como abogado. Fue enviado estadounidense al Imperio Ruso durante un total de 18 meses. Su actividad se centró en concluir un tratado comercial y un tratado de transporte marítimo con Rusia. Aunque Buchanan tuvo éxito en lo primero, la negociación de un acuerdo sobre la libre navegación mercante con el ministro de Asuntos Exteriores Karl Robert von Nesselrode resultó difícil. Durante su estancia en San Petersburgo aprendió francés, fue recibido en audiencia por el zar Nicolás I y se dio cuenta de lo largos que eran los procesos diplomáticos. Aunque Buchanan disfrutaba plenamente de la vida social en la alta sociedad de la capital, como demócrata convencido le molestaba el régimen autocrático, que se manifestaba, entre otras cosas, en la censura política y en una omnipresente policía secreta. Para colmo, su madre y un hermano habían muerto durante su ausencia. Así que, en definitiva, se alegró cuando regresó a América a finales de 1833.

Senador (1834-1845)

De regreso a Estados Unidos, perdió la elección en la Legislatura del Estado como senador para el mandato completo de seis años en el XXIII Congreso, pero fue designado para suceder al senador William Wilkins, quien a su vez le sucedió en St. Buchanan permaneció como miembro del Senado hasta marzo de 1845 y fue confirmado dos veces en su cargo. Su reputación iba en aumento y, junto con el hecho de que ningún presidente estadounidense había procedido aún de Pensilvania, se veía cada vez con más derecho a las más altas aspiraciones. Para ello, tuvo que unir tras de sí a los demócratas de Pensilvania en la convención de su partido -la *Convención* Estatal- para que le eligieran como candidato a la *Convención Nacional.* Como las ambiciones abiertas a la Casa Blanca se consideraban indecorosas en aquella época, Buchanan dijo a sus amigos que ser senador era suficiente distinción para él. Como senador, se ciñó estrictamente a los dictados de la Legislatura del Estado de Pensilvania y votó en contra de sus propios discursos en el Congreso unas cuantas veces.

A partir de 1834, se instaló en una comunidad de jubilados con el senador William R. King, de Alabama, lo que dio lugar a especulaciones sobre una posible relación homosexual entre ambos. Sin embargo, estos acuerdos de convivencia, a menudo entre congresistas solteros, solían dar lugar a amistades que iban más allá de las alianzas políticas. A lo largo de los años, la comunidad de jubilados incluyó a Edward Lucas, Bedford Brown, Robert C. Nicholas y John Pendleton King. Este grupo de acérrimos partidarios de Jackson alcanzó una considerable influencia política en la década de 1830 y controlaba dos importantes comités del Senado. El historiador Balcerski cree que es posible que el partidismo de Buchanan por los estados del Sur se forjara en esta comunidad de jubilados.

Fiel defensor del programa de Andrew Jackson, se opuso al restablecimiento del Segundo Banco de los Estados Unidos, cuyo mandato finalizó en 1836. En consecuencia, apoyó el plan de Van Buren de descentralizar los fondos públicos y votó en contra cuando el Congreso reprendió a Jackson por su política monetaria. A pesar de su postura pro sureña, se opuso al senador Calhoun cuando propuso una ley que prohibía al Congreso aceptar peticiones abolicionistas. Buchanan consideraba que esto violaba el principio republicano de la soberanía popular. En la década de 1840, su postura sobre la cuestión de la esclavitud se había vuelto rígida. Veía la esclavitud como una debilidad nacional, no por razones humanitarias, sino porque era un peligro potencial para la Unión Americana. Además, Buchanan la consideraba un asunto interno de los estados del Sur porque, por un lado, estaba sujeta a la jurisdicción de cada estado y, por otro, afectaba a la vida familiar de los plantadores. En consecuencia, veía a los abolicionistas con hostilidad y predijo un rápido final para su movimiento.

Buchanan se estableció en la primera fila de senadores junto a Clay, Webster, Calhoun y Thomas Hart Benton. Rechazó la oferta del presidente Van Buren de convertirse en Fiscal General de los Estados Unidos. Su reputación, diligencia y lealtad al partido le elevaron a renombradas comisiones del Senado, como la de Justicia y la de Relaciones Exteriores, que presidió de 1836 a 1841. Fue principalmente este cargo el que contribuyó a su prominencia nacional y le permitió lograr sus éxitos políticos más importantes. Además, presidió una comisión del Senado sobre la cuestión de la esclavitud y la prohibición del comercio de esclavos en Washington en la década de 1830. Los principios rectores de Buchanan eran *los Derechos de los Estados* y *el Destino Manifiesto*, que proclamaba la expansión como destino de Estados Unidos y había sido impulsada hacia el oeste por todos los presidentes hasta entonces. En su época, todos los demócratas y la mayoría de los whigs eran partidarios *del Destino Manifiesto,* siendo Buchanan uno de sus primeros y más ardientes defensores, que más tarde lo tradujo en acción política como Secretario de Estado y Presidente. Sus justificaciones de la expansión continental de Estados Unidos, que se extendió a México y Centroamérica en la década de 1840, son de libro de texto. En 1841, por ejemplo, fue uno de los pocos senadores que votaron en contra del *Tratado Webster-Ashburton* con el Reino Unido porque reclamaba todo el valle de Aroostook para Estados Unidos. Mientras que los partidarios *del Destino Manifiesto de* los estados esclavistas abogaban exclusivamente por la anexión de Texas y partes de México y América Central, los de los estados del norte sólo defendían la expansión hacia Canadá y en el País de Oregón. Buchanan, por su parte, abogaba por la expansión territorial de Estados Unidos en ambas direcciones.

Así, en la *disputa sobre la frontera de Oregón,* adoptó la exigencia máxima de 54°40′ como límite septentrional y, en su último y largo discurso ante el Senado, en febrero de 1845, se pronunció a favor de la anexión de la República de Texas, alegando tres razones: en primer lugar, la Texas independiente merecía formar parte de la "gloriosa confederación" de Estados norteamericanos; en segundo lugar, gran parte de la esclavitud podría trasladarse allí, reduciendo así el peligro de revueltas de esclavos en el *Cinturón* de Algodón ("Cotton Belt"). Además, Buchanan temía que la República de Texas, si se mantenía independiente, proporcionara a Gran Bretaña una excusa para intervenir militarmente. También intentó dividir Texas en cinco estados individuales para poder mantener en el Senado el equilibrio entre los nuevos estados libres y los esclavistas. Dentro de los demócratas, era el exponente más extremo *del Destino Manifiesto,* que gozaba de mayor popularidad en lo que entonces era el oeste y el sur de Estados Unidos, y menos en los estados del Atlántico Medio y Nueva Inglaterra. Además de sus ambiciones a la Casa Blanca y su simpatía por el ambiente político de los estados sureños, las exigencias maximalistas territoriales de Buchanan se basaban también en su experiencia como enviado a San Petersburgo. Allí había entrado en contacto con el oportunismo del colonialismo británico, por lo que veía el peligro de una intervención del Reino Unido en Oregón, Texas o México en caso de demandas territoriales más moderadas.

Ministro de Asuntos Exteriores (1845-1849)

En las primarias presidenciales de 1844, Buchanan volvió a aspirar a la nominación, pero esta vez fue más agresivo que en 1836 y 1840. Escribió a los líderes del partido demócrata de todos los estados, ofreciéndose como candidato si Van Buren abandonaba. Sin embargo, se abstuvo de hacer una campaña electoral pública, que poco a poco iba ganando legitimidad en aquella época. Para su decepción, esta vez tampoco tuvo éxito, pero la *Convención Nacional Demócrata* nominó a James K. Polk, que ganó las elecciones presidenciales posteriores. Siguiendo la convicción de la época, el nuevo presidente nombró a Buchanan Secretario de Estado en su gabinete, eliminándole así como competidor interno del partido, pero también para compensarle por su apoyo en la campaña electoral. Aunque este ministerio se consideraba la cartera más importante y le brindaba la oportunidad de poner en práctica sus objetivos expansionistas, en diciembre de 1845 pidió a Polk que le sustituyera y le propusiera para un puesto vacante en el Tribunal Supremo. Preocupado por la posibilidad de que no fuera confirmado como juez federal por el Senado, retiró esta petición en febrero de 1846. En junio de ese mismo año, volvió a cambiar de opinión, pero al cabo de unas semanas abandonó finalmente la idea, entre otras cosas porque ningún juez federal había llegado antes a la presidencia. En diciembre de 1847, las ambiciones de Buchanan habían resurgido y, ante la inminencia de las elecciones presidenciales, invitó a los líderes del partido y a otras personas políticamente influyentes a cenas en la capital, de las que era anfitrión con regularidad.

Durante su mandato como Secretario de Estado, Estados Unidos registró bajo Polk la mayor ganancia territorial de la historia, un 67%, que posteriormente dio lugar a 22 nuevos estados. La mayor parte de las ganancias territoriales se debieron a las conquistas en la guerra mexicano-estadounidense y a las acciones recibidas en el país de Oregón. Tanto Buchanan, que había buscado una expansión aún mayor, como el presidente perseguían los mismos objetivos estratégicos de acuerdo con *el Destino*

Manifiesto, pero chocaban con más frecuencia sobre los medios tácticos a utilizar y otros detalles. El Secretario de Estado no tenía una buena opinión de la pericia y comprensión de Polk de las cuestiones geográficas. La *disputa de los límites de Oregón* con Gran Bretaña no fue la única ocasión en la que invirtieron posiciones: Mientras que Buchanan defendió inicialmente el paralelo 49 como límite del territorio de Oregón con la Norteamérica británica, Polk abogó por una línea fronteriza más septentrional. Cuando los demócratas del norte se unieron en torno al lema popular *Fifty-Four Forty or Fight* ("54°40' o la guerra") en la campaña electoral de 1844, Buchanan adoptó esta postura como una cuestión de honor nacional que debía resolverse por medios bélicos si era necesario. Polk, por su parte, tuvo un cambio de opinión en la otra dirección, que su Secretario de Estado acabó siguiendo, de modo que el Compromiso de Oregón de 1846 estableció finalmente el paralelo 49 como frontera en el noroeste del Pacífico.

Con respecto a México, mantenía la dudosa opinión de que su ataque a las tropas estadounidenses a través del Río Grande en abril de 1846 constituía una violación de la frontera y, por tanto, un motivo legítimo para la guerra. Junto con Polk y otros demócratas, había sentado las bases de este conflicto en el pasado con una retórica agresiva referida a la inestabilidad del estado vecino. Durante la guerra entre México y Estados Unidos,

Buchanan aconsejó primero a los presidentes que no reclamaran territorio al sur del Río Grande porque temía una guerra con Gran Bretaña y Francia, mientras que Polk y el resto del gabinete buscaban el paralelo 22 como nueva frontera. Después de que el ejército de Estados Unidos capturara Ciudad de México en 1847, cambió de opinión y, en oposición al presidente y a los demás ministros, rechazó un tratado de paz con México. Argumentó que México era el culpable de la guerra y que la compensación negociada por las pérdidas estadounidenses era demasiado baja. Buchanan exigió provincias a lo largo de la Sierra Madre Oriental y toda la Baja California como futuros territorios federales. Se quedó solo en su opinión en el gabinete y en febrero de 1848 Polk ratificó el Tratado de Guadalupe Hidalgo. Polk sospechaba que la intención detrás de la postura de Buchanan no era oponerse al deseo de los estados del Sur de tener nuevos estados esclavistas.

Al margen de la política

En las elecciones presidenciales de 1848, Buchanan buscó de nuevo la nominación. En la *Convención Nacional Demócrata* de mayo, sin embargo, sólo consiguió el apoyo de las delegaciones de Pensilvania y Virginia, por lo que finalmente Lewis Cass fue elegido candidato demócrata. En noviembre, Cass perdió ante el general whig Zachary Taylor, que se había convertido en un héroe nacional en la guerra mexicano-estadounidense. Consideraba que el respetable éxito del abolicionista *Partido de la Tierra Libre,* que llegó al 10% en el *Voto Popular, era* una aberración peligrosa pero a corto plazo por parte de los votantes. Para él, los demócratas eran el partido que había traído la libertad y la prosperidad y el único que podía preservar la unidad nacional en el creciente conflicto Norte-Sur por la cuestión de la esclavitud. Por lo tanto, veía cualquier cambio en el rumbo político del partido como una amenaza potencial para la cohesión nacional. Cuando Buchanan regresó a Lancaster en la primavera de 1849, estaba fuera de los cargos públicos por primera vez en 30 años y, debido al triunfo de los whigs, no tenía perspectivas de mantenerlos, especialmente desde que rechazó la petición de los demócratas de Pensilvania de presentarse como candidato al Senado.

Ya entrado en años, Buchanan seguía vistiendo al estilo anticuado de su adolescencia, mientras que la prensa le había apodado *Viejo Funcionario Público.* Los activistas antiesclavistas del Norte se burlaban de él por considerar sus principios morales una reliquia de la prehistoria humana. Durante los cuatro años siguientes, Buchanan vivió como corsario, ocupándose principalmente de asuntos domésticos. En las afueras de Lancaster compró la finca Wheatland, llamada así por su anterior propietario debido a su ubicación en una colina rodeada de campos de "*trigo*". La espaciosa residencia de 22 habitaciones era demasiado grande para él como soltero, pero ya se había convertido en el centro de una red familiar formada por 22 sobrinos y sus descendientes. Siete de ellos eran huérfanos cuya tutela legal ostentaba Buchanan. A algunos de ellos pudo encontrarles trabajo en la administración pública gracias al mecenazgo. Para los sobrinos más favorecidos, asumió el papel de un obediente padre sustituto. Formó el mayor vínculo emocional con su sobrina Harriet Lane, que pasó su juventud y adolescencia en Wheatland y más tarde asumió el papel de Primera Dama de Buchanan en la Casa Blanca. En la década de 1840 envió a Harriet a uno de los internados para niñas más conocidos del país, un colegio conventual de Georgetown. Al igual que con las demás alumnas, sus cartas a Lane reflejan su sobria y distante expresión de sentimientos. Buchanan, por ejemplo, le advertía sobre lo que no debía hacer y le recomendaba líneas de actuación respecto a la elección de su futuro marido. Harriet estaba agradecida a su tío y siguió lealmente sus consejos, razón por la cual no se casó con un rico banquero hasta los 37 años.

Buchanan dotó a su gran estudio de una entrada independiente para que los políticos y funcionarios públicos pudieran reunirse con él discretamente. La biblioteca reflejaba su seriedad y su cargo público en el sentido de que, aparte de algunos cuentos de Charles

Dickens, contenía poca ficción, pero estaba repleta sobre todo de informes parlamentarios como el *Congressional Globe*, comentarios legislativos y un ejemplar de los *Federalist Papers*. Favorecido por la conexión de Lancaster con el ferrocarril, recibía con frecuencia a viajeros de camino a la capital que pernoctaban en ella. Los años como cabeza de familia y señor de una residencia señorial le dieron una imagen más masculina y respetable y un nuevo apodo, *el Sabio de Wheatland*. En ningún momento se retiró completamente de la política. Tenía previsto publicar una colección de discursos y una autobiografía. Cuando aumentaron las posibilidades de una reaparición política antes de las elecciones presidenciales de 1852, interrumpió el trabajo en este proyecto. Buchanan viajó varias veces a Washington para conferenciar con los congresistas demócratas y centró sus acciones en la política del partido de Pensilvania, donde los demócratas estaban divididos en dos bandos liderados por Simon Cameron y George Dallas.

Primarias presidenciales de 1852

Como era habitual para los aspirantes a la presidencia en aquella época, Buchanan expuso sus posiciones en cartas públicas, como había hecho antes de las últimas primarias presidenciales de agosto de 1847. Entre otras cosas, había exigido en esta carta que la línea del Compromiso de Missouri se trazara hasta la costa del Pacífico. La esclavitud debía prohibirse al norte de allí, mientras que el principio de *soberanía popular* debía decidir al sur. Buchanan no especificó en ese momento cómo y cuándo debía ocurrir esto en los territorios federales afectados. Volvió sobre este punto en su carta a una reunión pública celebrada en Filadelfia en noviembre de 1850. El texto, que tardó tres horas en leerse en voz alta, fue la declaración más larga, detallada y citada de Buchanan hasta su presidencia. A la luz del Compromiso de 1850, que había conducido a la admisión de California en la Unión como estado libre y a una ley más estricta sobre los esclavos fugitivos, ahora rechazaba el Compromiso de Missouri y acogía con satisfacción el rechazo del Congreso al Proviso Wilmot, que prohibía la esclavitud en todos los territorios ganados en la guerra entre México y Estados Unidos. Condenó el abolicionismo no sólo como producto de una mentalidad fanática, sino también porque la agitación antiesclavista atemorizaba a sus propietarios y empeoraba así las condiciones de vida de los esclavos. La esclavitud no debía ser decidida por el Congreso, sino por las respectivas legislaturas estatales. Además, defendía los conocidos principios de la *democracia jacksoniana, es decir,* una limitación de los poderes federales y de los fondos federales, así como un *estricto construccionismo de* la Constitución.

En el creciente conflicto Norte-Sur de la época, Buchanan no ocultaba su aversión por los abolicionistas del Norte.

Esto se debía no sólo a su afiliación partidista y a su simpatía personal por los estados del Sur, sino también a su lugar de residencia. Los cuáqueros de Pensilvania habían enviado peticiones al Congreso para la abolición de la esclavitud desde el principio. La legislatura estatal de Harrisburg había protegido legalmente a los afroamericanos libres y a los esclavos huidos de los cazadores de esclavos en la década de 1820. Además, como estado fronterizo al norte de la línea Mason-Dixon, Pensilvania era un bastión del Ferrocarril Subterráneo. En 1851, cuando los abolicionistas militantes de la cercana Wheatland protegieron a los esclavos fugitivos de sus dueños, matando al hacendado y a su hijo, Buchanan lo consideró un acto sacrílego y vio a los activistas antiesclavistas como aún más peligrosos para la existencia de la Unión. En 1850, había acogido con satisfacción la nueva Ley del Esclavo Fugitivo, que amenazaba con castigar en todo el país a quien les ayudara a escapar, mientras que muchos de sus compatriotas de los estados del norte estaban indignados por esta misma ley.

En la primavera de 1852, Buchanan se había consolidado como el aspirante más prometedor a la candidatura presidencial demócrata junto a Cass, Stephen Douglas y William L. Marcy. Un revés para él fue cuando la convención del partido de Pensilvania, celebrada en marzo, no votó unánimemente a su favor, sino que más de 30 delegados escribieron una nota de protesta contra él. Estos preferían a Cameron como candidato o, como partidarios de Wilmots, estaban resentidos por las concesiones de Buchanan a los estados del sur. Aunque, como de costumbre, negó públicamente sus ambiciones a la Casa Blanca, hizo más que otros candidatos para conseguir la nominación. En cartas a sus compañeros de partido, indicó que Cass no podía ganar la importante Pennsylvania como candidato presidencial en el Colegio Electoral. Buchanan era cada vez más optimista sobre las perspectivas de la nominación, dado el apoyo de los estados del sur. Allí, los radicales de entonces seguían respaldando el programa político que Buchanan había formulado en su carta de 1850. Por otra parte, estaba desacreditado en el Norte como un *doughface, término utilizado para* describir a los norteños simpatizantes del Sur. En la *Convención Nacional Demócrata* celebrada en Baltimore en junio de 1852, ni Buchanan ni Cass lograron la mayoría de dos tercios necesaria en la primera ronda de votaciones. Consiguió reunir a algunos estados sureños a su favor en todo momento, pero al final le faltaron los votos de los estados fronterizos a lo largo de la línea Mason-Dixon, así como los de los estados del norte. En la 49ª votación, finalmente ganó el outsider Franklin Pierce, de New Hampshire. Buchanan anunció entonces su retirada de la política y rechazó la vicepresidencia que se le ofrecía; en su lugar, propuso con éxito a su amigo King para el cargo.

Enviado al Reino Unido de Gran Bretaña e Irlanda (1853-1856)

Aunque este cargo supuso un paso atrás en su carrera, Buchanan aceptó la legación al Reino Unido de Gran Bretaña e Irlanda seis meses después de las elecciones presidenciales de 1852, tras haberse echado atrás dos veces en su compromiso de forma característica. En el verano de 1853 viajó a Londres para tomar posesión de su cargo. Resultó ser un enviado bien informado, diligente y eficiente, cuyo mandato coincidió con una fase especialmente importante en las relaciones entre el Reino Unido y Estados Unidos. Así, la participación militar británica en algunas islas de la costa de Honduras, así como su injerencia en los asuntos de Nicaragua, estaban en tela de juicio. En 1850, el Tratado Clayton-Bulwer había estipulado el control británico-estadounidense de esta vía fluvial en caso de que este país construyera un canal transoceánico. En general, desde la presidencia de Polk, Washington reaccionó con mayor sensibilidad ante la influencia europea en América Central y del Sur, que consideraba una violación de la Doctrina Monroe.

En septiembre de 1853 se celebró la primera de las más de 150 reuniones entre Buchanan y el ministro de Asuntos Exteriores británico George Villiers, IV conde de Clarendon, entre quienes se desarrolló una relación amistosa. Aunque consideraba que la presencia británica en América Central era un asunto de máxima urgencia, Villiers estaba preocupado principalmente por la guerra de Crimea en ese momento. La primera crisis diplomática de Buchanan tuvo que ver con el protocolo. El ministro de Asuntos Exteriores, Marcy, había ordenado que los enviados extranjeros vistieran únicamente como plebeyos, lo que no satisfacía el código de vestimenta de la corte británica y los salones capitalinos de la alta burguesía. Por esta razón, no asistió a la apertura del Parlamento, lo que fue tomado como una afrenta. Cuando la reina Victoria le invitó a una cena, resolvió el problema llevando una espada, que se consideraba la marca de un caballero tanto en América como en Gran Bretaña. En casa, Buchanan se benefició del "asunto de la vestimenta" porque le dio la reputación de plebeyo que no se sometía a las maneras aristocráticas del reino.

Mientras tanto, además de la presencia británica en América Central y las Indias Occidentales, las conversaciones con Villiers abordaron la obsesión de Buchanan por anexionarse la colonia española de Cuba. Perseguía la conclusión de un tratado bilateral como primer paso en el camino para mantener a Gran Bretaña fuera del hemisferio occidental, salvo en lo que respecta a sus colonias canadienses. Para ello, siguió al pie de la letra las instrucciones dadas por el presidente Pierce, que exigían la retirada británica de las Islas de la Bahía, frente a la costa norte de Nicaragua. Además, el Reino Unido debía retirarse de Belice y renunciar a su protectorado sobre los miskitos y, por tanto, al control del puerto de San Juan de Nicaragua, importante en caso de que se construyera un canal transoceánico. Inicialmente, Villiers, que estaba centrado en la guerra de Crimea, mostró poca comprensión de las demandas americanas y reveló una falta de conocimiento detallado de la importancia geográfica de las regiones en cuestión. Buchanan apeló a las especiales relaciones entre sus países y a las muchas similitudes en lengua, religión y cultura, que eran tan grandes que Londres no debería ver un enemigo en su antigua colonia. Auguró unas relaciones especialmente estrechas entre ambas naciones en el futuro. Finalmente, en el verano de 1854, pensó que gracias a su persuasión, Londres estaba dispuesto a presionar a España en relación con la venta de Cuba a Estados Unidos.

En junio de 1854, el Presidente le convocó a París para elaborar un plan con sus homólogos en España y Francia, Pierre Soulé y John Y. Mason, para elaborar un plan de adquisición de Cuba. Buchanan accedió a regañadientes, creyéndose ya en posesión del concepto adecuado. En octubre, los tres enviados celebraron por fin una reunión de trabajo en el balneario belga de Ostende y luego en Aquisgrán. Como resultado, publicaron el llamado Manifiesto de Ostende, probablemente formulado por Buchanan, en el que se planteaba la adquisición o -en caso de que España lo rechazara- la anexión forzosa de

Cuba. Se considera que este documento es uno en los que más claramente se demuestra el expansionismo o imperialismo *del Destino Manifiesto*. Se exigía a Madrid la venta por 100 millones de dólares, alegando que Cuba era geográficamente un apéndice natural de Estados Unidos, que necesitaba para su autoconservación y que debía obtener por medios militares si era necesario. Para Buchanan y los estados del Sur, el temor a una revuelta de esclavos en Cuba y su propagación a Estados Unidos fue también un motivo decisivo. Además, la isla se ofrecía como futuro estado esclavista dentro de la Unión Americana debido a sus prósperas plantaciones de caña de azúcar. Mientras tanto, en casa, que estaba experimentando una intensificación del conflicto Norte-Sur y un declive de los demócratas en los estados del norte debido a la Ley Kansas-Nebraska de mayo de 1854 y la derogación asociada del Compromiso de Missouri, el Manifiesto de Ostende recibió una respuesta dividida y fue rechazado por el presidente Pierce. Aunque fue bien acogido en los estados del Sur, los norteños consideraron que el entusiasmo que generó más allá de la línea Mason-Dixon era una prueba más del agresivo afán de dominio de las sociedades esclavistas del Sur. En los estados del Norte crecía la percepción de que un grupo minoritario, el de los plantadores, estaba imponiendo sus normas y valores al conjunto de la nación. En 1855, cuando Buchanan sintió un creciente deseo de regresar a casa,

Pierce le pidió que mantuviera el fuerte en Londres ante el despliegue de una flota británica en el Caribe. Como enviado, consiguió finalmente hacer retroceder la influencia británica en Honduras y Nicaragua y sensibilizar al reino sobre los intereses estadounidenses en la región.

Primarias y elecciones presidenciales 1856

Como Pierce no aspiraba a un segundo mandato, Buchanan fue considerado el candidato más prometedor en las primarias demócratas para las elecciones presidenciales de 1856. Aunque algunos demócratas de los estados del norte le criticaron por el Manifiesto de Ostende, en general se benefició de su ausencia durante los debates sobre la ley Kansas-Nebraska, que criticó. Todavía en Inglaterra, hizo campaña elogiando a John Joseph Hughes, que era arzobispo de Nueva York, ante un arzobispo católico. Éste hizo campaña por Buchanan con católicos de alto rango en cuanto se enteró. Cuando Buchanan llegó a casa a finales de abril de 1856, la convención de Pensilvania ya le había designado por unanimidad candidato demócrata a la presidencia. Poco después de que una reyerta entre dos congresistas, que acabó con heridas graves para Charles Sumner, y la masacre de Pottawatomie a manos de John Brown en el territorio de Kansas volvieran a poner de manifiesto la tensa situación de la nación, la *Convención Nacional* Demócrata se reunió a principios de junio. El manifiesto electoral allí aprobado parecía escrito por Buchanan e incluía como exigencias la limitación del poder federal, la aplicación enérgica de la Ley del Esclavo Fugitivo, la lucha contra la agitación abolicionista y la aplicación estricta de la Doctrina Monroe. Seguía siendo ambigua en cuanto a la medida en que los propios habitantes de los territorios tenían derecho a regular la esclavitud.

Los mayores rivales de Buchanan en la convención de nominación fueron Pierce, que volvió a presentarse, Douglas y Cass. Se benefició del hecho de que los directores de su campaña controlaran la organización de la convención y de que los senadores John Slidell, Jesse D. Bright y Thomas F. Bayard le apoyaran. Bright y Thomas F. Bayard hicieron campaña por él. Sin ser el favorito de los estados del Norte ni del Sur, era un candidato aceptable para ambos bandos, que confiaban en unificar el partido. En la 18ª ronda de votaciones, Buchanan obtuvo finalmente la mayoría de dos tercios necesaria tras la retirada de Douglas. Como procedía de Pensilvania, John C. Breckinridge de Kentucky, un político de los estados del sur, fue elegido como su compañero de fórmula para preservar la representación proporcional regional. En las elecciones presidenciales, Buchanan se enfrentó al ex presidente Millard Fillmore, del partido nativista anticatólico Know-Nothing, y a John C. Frémont, que entró en la carrera por el nuevo Partido Republicano, en rápido crecimiento, que cuestionaba la esclavitud en los territorios. En particular, el contraste entre el experimentado Buchanan y el joven explorador y oficial Frémont era grande. Los caricaturistas contrarios retomaron este tema y dibujaron al candidato demócrata como un viejo quisquilloso travestido. Que la masculinidad de Buchanan fuera cuestionada con imágenes y palabras fuertes a causa de su soltería ya había ocurrido una y otra vez antes.

Buchanan no participó activamente en la campaña electoral, ya que en aquella época se consideraba indecoroso hacer publicidad de un cargo político en nombre propio. Prometió a un comité del partido que se atendría al programa electoral aprobado en la Convención Nacional, aunque rechazó la aplicación del principio de soberanía popular a los territorios que allí se postulaba como un peligro potencial para la paz interna. Consideraba que su victoria electoral era la única forma de salvar la Unión Americana. Para ello, además de los estados del sur, tenía que ganar algunos estados del norte. Para ganar California, Buchanan se apartó del principio rector de Jackson de limitar los fondos federales y abogó por la construcción de un ferrocarril transcontinental patrocinado por el Estado. Al final, hubo efectivamente dos carreras por la Casa Blanca: una en los estados del norte entre Buchanan y Frémont y otra en los estados del sur entre Buchanan y Fillmore. Las elecciones presidenciales en Maine, ya celebradas en septiembre, revelaron la fuerza de los republicanos, mientras que el éxito demócrata en Pensilvania ya aseguraba la presidencia para Buchanan. La jornada electoral de noviembre registró una participación excepcionalmente alta, del 79%. Buchanan, que obtuvo un *voto popular del* 45 %, ganó en todos los estados esclavistas excepto Maryland, pero sólo en Pensilvania y otros cuatro estados del Norte, lo que subraya el particularismo regional imperante entre los demócratas. Los republicanos, en cambio, se impusieron en once de los 16 estados libres. Desde el pórtico de Wheatland, Buchanan pronunció su discurso de victoria, en el que acusó a los votantes republicanos, de forma famosamente tendenciosa, de utilizar su voto para atacar a sus compatriotas del Sur y poner en peligro la Unión Americana.

JAMES BUCHANAN

Presidencia

Buchanan llegó a la Casa Blanca como el político más experimentado desde John Quincy Adams. Empezando por James Monroe, había tenido un contacto más o menos intenso con cada uno de sus predecesores en el cargo. En aquella época, la autoimagen presidencial era menos la de un iniciador que la de un administrador. Buchanan fue una excepción, siguiendo el ejemplo de Jackson y Polk, que habían puesto el acento en el poder ejecutivo del presidente. Al igual que su modelo George Washington o el romano Lucius Quinctius Cincinnatus, se veía a sí mismo como alguien que no había buscado activamente gobernar, sino que se lo había dado el pueblo, que para él constituía la máxima autoridad. Además, se atribuía a sí mismo el temperamento tranquilo y la determinación que creía que necesitaba un buen presidente. Esta imagen de sí mismo llevó a Buchanan a interpretar la autoridad presidencial de forma muy ofensiva, especialmente cuando se trataba de ayudar a los estados del Sur. Además, defendió el poder de veto presidencial frente a los whigs que cuestionaban este derecho, juzgándolo mucho menos peligroso en caso de abuso despótico que el control de la Casa Blanca sobre las autoridades y la opinión pública y su poder de mando y mando.

En el momento de su toma de posesión, el 4 de marzo de 1857, Buchanan tenía 67 años, una edad inusualmente avanzada para la época. Por este motivo, anunció que no se presentaría a la reelección. Antes de jurar el cargo, mantuvo una breve conversación con el presidente del Tribunal Federal, Roger B. Taney, que más tarde cobró importancia. El largo discurso inaugural abordó la cuestión de la esclavitud en los territorios. Como solución, Buchanan propuso la orientación de la Ley Kansas-Nebraska, según la cual el principio de soberanía popular, es decir, la Legislatura del Estado y la constitución que adoptara, era decisivo, mientras que el Congreso no tenía nada que decir en el asunto. Antes de que el territorio hubiera llegado a esta fase, todo estadounidense era libre de establecerse en él con sus esclavos. Durante su presidencia, adoptó una postura cada vez más clara a favor de los estados del Sur en esta cuestión, afirmando que tenían derecho a abrir todos los territorios a la esclavitud. Unas semanas después de la incursión de John Brown en Harpers Ferry, incluso se mostró comprensivo con los estados que coqueteaban con la secesión en tales circunstancias. En el discurso inaugural, también afirmó que la cuestión legislativa de la soberanía popular en los territorios era insignificante porque estaba pendiente una decisión del Tribunal Supremo al respecto, en alusión al caso del esclavista Dred Scott. La implicación de la declaración de Buchanan sobre la autoridad del poder judicial para decidir sobre la cuestión de la esclavitud en los territorios fue revolucionaria, porque hasta entonces el consenso en la historia estadounidense había sido que correspondía al Congreso decidir al respecto. Por otra parte, este argumento era único porque ningún presidente antes o después que él había concedido voluntariamente ese poder al Tribunal Supremo. Además, Buchanan se contradecía con él, porque en el discurso subrayaba simultáneamente la validez de la Ley Kansas-Nebraska aprobada por el Congreso.

El presidente dejó la organización de las fiestas y recepciones de la Casa Blanca en manos de Lane y su sobrino James Buchanan Henry. Después de que el último titular del cargo rara vez invitara a invitados a los actos debido al luto por su hijo, fallecido poco antes de la toma de posesión, la alta sociedad de la capital esperaba ahora una mejora de la situación. Lane y su primo organizaban recepciones presidenciales de carácter más informal durante los periodos sin sesiones del Congreso. En la Casa Blanca se celebraban cenas de Estado durante los periodos en los que el Congreso estaba reunido, a las que sólo eran invitados los miembros del Congreso, los jueces de alto rango y los diplomáticos. Buchanan realizaba dos actividades recreativas principales. En primer lugar, todos los años viajaba durante quince días a Bedford Springs, a las fuentes termales del balneario de esa localidad. En segundo lugar, salía regularmente a pasear por Washington por las tardes.

Sistema de selección de armarios y despojos

Unas semanas antes de la toma de posesión, Buchanan empezó a reunir al gabinete, al que veía principalmente como un órgano asesor de sus ideas. Como soltero, era importante para él mantener una relación amistosa con los ministros, con los que se reunía todos los días de la semana durante varias horas durante los dos primeros años de su presidencia. Según Baker, probablemente ningún presidente en la historia de Estados Unidos pasó más tiempo con su gabinete que Buchanan. La composición del gabinete también tenía que acomodar la representación proporcional dentro del partido y entre las regiones del país. Buchanan trabajó en esta tarea y en su discurso inaugural primero en Wheatland, hasta que viajó a la capital en enero de 1857. Allí, como muchos otros huéspedes del Hotel Nacional, contrajo una grave disentería, de la que no se recuperó totalmente hasta varios meses después. Decenas de los que enfermaron murieron, entre ellos el sobrino y secretario privado de Buchanan, Eskridge Lane.

Al final, la selección del gabinete de Buchanan resultó ser un desastre. Los cuatro ministros de los estados del sur habían sido todos esclavistas en algún momento de sus vidas, fueron más tarde leales a los Estados Confederados de América y dominaron el gabinete hasta su retirada. Entre ellos, el secretario del Tesoro, Howell Cobb, era considerado el mayor talento político del gabinete y posible sucesor de Buchanan. Los tres jefes de departamento de los estados del norte eran *caras de masa* como Buchanan, y Cass, como único ministro de la región al oeste de los Apalaches, se vio completamente eclipsado como *Secretario de Estado,* tradicionalmente el puesto de más alto rango del gabinete, por el presidente, que consideraba la política exterior su profesión. Además, su gabinete está considerado como uno de los más corruptos de la historia de Estados Unidos. Esto fue especialmente cierto en el caso del Secretario del Interior, Jacob Thompson, y del Secretario de Guerra, John B. Floyd, quien, al igual que Cass, tampoco era muy adecuado para su cartera y rara vez pedía consejo al general de más alto rango del ejército, Winfield Scott. Los escándalos de corrupción llegaron a la familia de Buchanan a través del marido de una sobrina. Tal y como pretendía Buchanan, que quería emerger como un presidente fuerte, durante la ocupación, los ministros apoyaron incondicionalmente todas sus decisiones. Sólo en los últimos seis meses de su mandato surgió en el gabinete oposición a las políticas del presidente. Buchanan tuvo una relación problemática con su vicepresidente desde el principio, cuando no le recibió en su visita inaugural sino que le remitió a su sobrina y

Primera Dama Lane, lo que Breckinridge nunca le perdonó por considerarlo una humillación. El influyente Douglas, que había hecho posible la nominación de Buchanan al dimitir en la *Convención Nacional del* año anterior, quedó fuera del proceso de nombramiento. Los republicanos, así como los demócratas del Norte que criticaban a los estados del Sur, tampoco fueron tenidos en cuenta en el sistema de despojo. En definitiva, la política de personal condujo a un peligroso autoaislamiento de Buchanan.

Tras la toma de posesión, Buchanan se ocupó principalmente de los nombramientos con arreglo al sistema de botín. Poco dispuesto a delegar poderes ejecutivos y obsesionado con los detalles, se abrió camino por la plantilla hasta los puestos más insignificantes. También leía los documentos que normalmente revisaban los secretarios y firmaba en nombre del presidente antes de firmarlos. Por eso, al final de cada período de sesiones, se quejaba de la tardanza del Congreso, que, debido a los plazos, le dejaba muy poco tiempo para estudiar detenidamente las leyes aprobadas antes de firmarlas. Como el anterior presidente Pierce había sido demócrata, Buchanan mantuvo en servicio a funcionarios eficientes y leales hasta el final de sus mandatos. Mantuvo algunos puestos en reserva para conseguir apoyo y fondos ocupándolos. En general, la selección del personal de la administración pública por parte de Buchanan tenía como objetivo ganar adeptos leales y debilitar a los republicanos y a la facción de Douglas. Sin embargo, se desvió de esta línea cuando destituyó sin motivo aparente a un número relativamente elevado de norteños, incluidos algunos vinculados a Pierce, mientras que los sureños conservaron casi todos sus puestos. Esta gestión de personal volvió a distanciarle de los demócratas del Norte.

Influencia en el Tribunal Supremo en el caso *Dred Scott contra Sandford*

El caso de *Dred Scott contra Sandford*, al que Buchanan se refirió en su discurso inaugural, se remontaba a 1846. Scott había demandado su liberación en Misuri alegando que había vivido al servicio del propietario en el estado libre de Illinois y en el territorio igualmente abolicionista de Wisconsin. Tras diversas sentencias, el caso había llegado al Tribunal Supremo a través de los tribunales y en 1856 había adquirido notoriedad nacional. Buchanan vio en este asunto la oportunidad de zanjar la cuestión de la esclavitud de una vez por todas y restaurar así la frágil unidad nacional. Cuando apareció una decisión en el horizonte, se carteó con el juez John Catron, amigo suyo, a principios de febrero de 1857 para interesarse por el estado de la cuestión. Este último informó de una opinión dividida y animó a Buchanan a persuadir al juez federal Robert Grier, de Pensilvania, para que se acercara a sus colegas de los estados del sur, creando así una mayoría capaz de alcanzar una decisión. Querían que la sentencia fuera más allá del caso concreto y supusiera una regulación general de la esclavitud en su conjunto. En consecuencia, Buchanan escribió a Grier, un amigo suyo, que poco después fue uno de los seis jueces que formaron la mayoría en el fallo. Al influir de este modo en un proceso judicial en curso, violó el principio de separación de poderes y socavó su presidencia desde el principio, mientras que su anuncio en el discurso inaugural de que recibiría todos los veredictos con alegría resultó poco sincero en retrospectiva.

Sólo dos días después de la toma de posesión de Buchanan, Taney anunció la decisión que ya conocía el presidente. Según el fallo, los esclavos eran para siempre propiedad sin derecho de sus dueños y ningún afroamericano podría ser nunca ciudadano de pleno derecho de Estados Unidos, aunque tuviera plenos derechos civiles en un estado. El Compromiso de Missouri fue declarado inconstitucional por la sentencia relativa a los territorios. Como derecho de propiedad protegido por la 5ª Enmienda, la esclavitud no podía prohibirse en ningún territorio; según la sentencia, esto sólo era posible tras la admisión como estado en la Unión Americana. La breve conversación de Taney y Buchanan en la toma de posesión fue vista ahora con recelo por la opinión pública. Muchos supusieron que el juez federal que presidía el tribunal había informado al presidente del veredicto que se avecinaba, sin ser conscientes de la interferencia mucho más profunda de Buchanan en la formación del veredicto. Las voces republicanas, sin embargo, pronto sospecharon más y hablaron de una conspiración de Taney, Buchanan y otros para extender la esclavitud. Al igual que con la formación del gabinete, había utilizado sus poderes unilateralmente en favor de los intereses de los estados del Sur. Cuando los republicanos atacaron la decisión del Tribunal Supremo calificándola de error judicial, Buchanan les culpó de la ruptura de la unidad nacional que se produjo poco después.

Crisis económica de 1857

La crisis económica de 1857 fue la primera de las tres crisis superpuestas que marcaron los tres primeros años de la presidencia de Buchanan. Comenzó a finales de la primavera de ese mismo año, cuando la sucursal neoyorquina de una prestigiosa compañía de seguros de Ohio se declaró insolvente. La crisis se extendió con rapidez, de modo que en otoño 1.400 bancos y 5.000 empresas, incluidos muchos ferrocarriles y fábricas, habían quebrado. Mientras que el desempleo y el hambre se convirtieron en moneda corriente para amplias capas de la población en las ciudades del Norte, el Sur agrario se mostró más resistente a la crisis. Allí se culpó de la crisis a la codicia y la fiebre especulativa de los capitalistas del Norte; Buchanan suscribió esta opinión. Según la concepción política de la época, luchar contra una recesión de este tipo estaba más allá de las capacidades de un presidente, por lo que en general no se esperaba un gran activismo de la Casa Blanca y se quedó en medidas de laissez-faire. Así pues, Buchanan respondió según los principios de la *democracia jacksoniana, que preveía* pagos en moneda y oro, restringía la emisión de papel moneda por parte de los bancos y congelaba los fondos federales para proyectos de obras públicas. Como se negó a mitigar la crisis con un paquete de medidas de estímulo, provocó el resentimiento de parte de la población. Además, sus políticas económicas eran antibancarias y favorables al libre comercio, lo que le desacreditó una vez más como *"cara de masa" en* el Norte. Aunque más tarde se alabó a sí mismo por reducir la deuda nacional, bajo su presidencia el presupuesto federal creció un 15%.

Guerra de Utah

En la primavera de 1857, se produjo la segunda crisis de su presidencia con la Guerra de Utah, a la que Buchanan respondió haciendo pleno uso de sus poderes ejecutivos. Durante años, el líder mormón Brigham Young y sus seguidores habían desafiado la autoridad de los representantes federales representados en el territorio de Utah. Consideraban la tierra como suya y sentían que su fe estaba siendo perturbada por representantes de un poder secular. Young, que había sido gobernador del territorio desde 1850, y sus seguidores acosaban continuamente a los empleados federales, así como a los forasteros que simplemente pasaban por el territorio. En septiembre de 1857 se produjo la masacre de Mountain Meadows, en la que la milicia de Young asaltó una caravana y mató a 125 colonos. A Buchanan también le repugnaba la poligamia de Young, que promovía agresivamente como marido de 17 esposas y que estaba muy extendida en el territorio de Utah a pesar de la prohibición oficial. El presidente consideraba el derecho matrimonial un asunto federal y veía a los mormones como sodomitas revoltosos que amenazaban a cualquiera que fuera leal a la legislación estadounidense. Además, corrían rumores de que Young quería establecer un estado mormón teocrático independiente de Estados Unidos. Como los informes de los funcionarios federales seguían describiendo Utah como un territorio fuera de control marcado por la violencia contra los no mormones, Buchanan autorizó una expedición militar al territorio de Utah a finales de marzo de 1857 para sustituir a Young como gobernador. El presidente no informó a Young de esta medida, un error que ayudó al líder mormón a presentar a las fuerzas que se acercaban como un golpe de estado no autorizado.

La fuerza contaba con 2.500 hombres, incluido el nuevo gobernador Alfred Cumming y su personal, y estaba al mando del general William S. Harney. Harney era conocido por su volatilidad y brutalidad, por lo que la decisión de Buchanan sobre el personal incitó aún más la resistencia de los mormones en torno a Young. En agosto de 1857, Albert S. Johnston le sustituyó por razones organizativas. Cumming, que sólo fue considerado por Buchanan después de que otros diez candidatos hubieran rechazado la oferta de gobernador, y Johnston no tardaron en enemistarse. La expedición, que se convirtió en la operación militar más costosa entre la Guerra mexicano-estadounidense y la Guerra de Secesión y provocó un déficit presupuestario sin precedentes en 1858, no llegó a la región hasta el otoño, cuando los pasos de montaña hacia el Gran Lago Salado cubiertos por la milicia mormona ya estaban nevados. Por ello, el ejército de los Estados Unidos invernó en un campamento cerca de Fort Bridger.

Tras una pausa de más de medio año, Buchanan no volvió a pronunciarse sobre el conflicto hasta su *Discurso sobre el Estado de la Unión en* diciembre de 1857, dejando abierta la cuestión de si se trataba de una rebelión en Utah. Ordenó a Scott que se dirigiera a la costa del Pacífico para avanzar desde allí contra el valle del Lago Salado. El presidente quería lograr un éxodo de los mormones hacia el norte de México para tener una justificación para la anexión de este territorio por parte de Estados Unidos. El Congreso, sin embargo, se negó a aprobar el envío de Scott, sin sospechar el verdadero objetivo de Buchanan tras esta acción. En la primavera de 1858, cuando ya se había asignado un tercio del ejército a la expedición de Utah, su amigo Thomas L. Kane logró convencer a Buchanan de que era capaz de llegar a un acuerdo negociado con los mormones, con quienes mantenía buenas relaciones. El Presidente le proporcionó el correspondiente poder notarial y le envió al territorio de Utah. Una vez allí, Kane negoció un acuerdo pacífico para sustituir al gobernador Young por Cumming. A cambio, los mormones recibieron la soberanía en materia religiosa. Cuando Johnston condujo a las fuerzas expedicionarias a través de Salt Lake City a finales de junio, Buchanan consideró este resultado como un éxito; sin embargo, causó asombro dos años más tarde cuando, al contrario que en el caso del Territorio de Utah, rehuyó cualquier uso de la fuerza militar en el conflicto con los estados del sur. Uno de los últimos actos de Buchanan en marzo de 1861 fue reducir el Territorio de Utah en favor de Nevada, Colorado y Nebraska.

Conflicto en el Territorio de Kansas

Situación inicial

La tercera crisis de la presidencia de Buchanan fue el conflicto sobre la cuestión de la esclavitud en el territorio de Kansas. Para los estados del Sur, este futuro estado era fundamental para la expansión de la esclavitud en el Oeste y el control del Congreso, debido a su ubicación entre el Norte y el Sur. En la fase fundacional del Territorio, las fuerzas simpatizantes de los estados del Sur se habían apoderado de tierras y habían extendido la esclavitud con tal agresividad que se había producido un movimiento contrario desde el interior de los estados del Norte. En las elecciones de 1855 a la Legislatura del Estado, se había impedido por la fuerza que los abolicionistas votaran, lo que permitió a la legislatura de Lecompton aprobar leyes drásticas que, entre otras cosas, convertían en delito capital cualquier crítica a la esclavitud. En respuesta, los activistas antiesclavistas de Topeka formaron su propio gobierno territorial e ilegalizaron la esclavitud ese mismo año, con el apoyo de una creciente mayoría en Kansas. En 1857, a instancias del gobierno de Lecompton, se celebraron elecciones para una convención constitucional que, mediante una manipulación sistemática, dieron una clara mayoría a los partidarios de la esclavitud. Pronto estallaron disturbios similares a una guerra civil entre opositores y partidarios de la esclavitud, que duraron hasta mediados del mandato de Buchanan y pasaron a la historia como el Kansas *sangriento*. Un punto álgido de la violencia de la Sangría de Kansas fue la destrucción del bastión abolicionista de Lawrence por milicias proesclavistas y la masacre de Pottawatomie en mayo de 1856. Cuando Buchanan asumió el cargo, todavía esperaba unir a los demócratas de los estados del norte y del sur en el conflicto de Kansas.

Pocos días después de la toma de posesión, Buchanan destituyó a John White Geary, convirtiéndolo en el tercer gobernador del Territorio de Kansas que fracasaba prematuramente. En ese momento, 1.500 soldados del ejército de Estados Unidos se encontraban en el territorio para mantener la paz. Aunque el presidente y el Congreso compartían la autoridad sobre los territorios, la Casa Blanca tenía un papel decisivo a la hora de decidir el curso político del territorio mediante el nombramiento de los gobernadores. Buchanan apoyó la administración de Lecompton, lo que afirmó en su *Discurso sobre el Estado de la Unión* de diciembre de 1857, y sólo reconoció a ésta como la administración territorial oficial. Designó gobernador a su antiguo colega del Senado y del Gabinete

Robert J. Walker. El presidente le prometió que sólo reconocería una constitución de Kansas confirmada por referéndum, que era el procedimiento habitual en estos casos.

Conflicto constitucional

En el verano de 1857, Buchanan miró con atención a Georgia y Mississippi, donde las asambleas políticas amenazaban con la secesión si Kansas no era admitido en la Unión Americana como estado esclavista. Mientras tanto, Walker había llegado a la conclusión de que Kansas debía convertirse en un estado libre, en parte porque las condiciones climáticas del lugar hacían antieconómica la esclavitud, lo que provocó una indignación en los estados del sur que también se dirigió contra el presidente. En secreto, Buchanan compartía esta valoración geográfica de Walker, pero debido a la presión sureña siguió apoyando a la administración de Lecompton. En agosto de 1857, Buchanan declaró que la decisión en el caso *Dred Scott contra Sandford era* la guía decisiva para los territorios, según la cual la esclavitud estaba legalmente protegida dondequiera que se estableciera un esclavista, y culpó a los abolicionistas de Topeka del *Sangrado de Kansas*. Los resultados de las elecciones para la legislatura de Lecompton, dos meses después, estaban tan obviamente amañados en algunas partes que Walker no reconoció los resultados de algunos condados, lo que dio a la legislatura estatal una mayoría abolicionista. Después de eso, Walker perdió el apoyo de Buchanan. La Convención Constitucional de Lecompton, contraria al abolicionismo, aprobó una constitución que protegía legalmente la esclavitud como derecho de propiedad privada. Debido a lo incierto del resultado, los delegados se abstuvieron de celebrar un referéndum y enviaron el texto constitucional directamente a Buchanan y al Congreso para que consideraran la posibilidad de reconocer a Kansas como estado sobre esta base.

Pero esta renuncia al referéndum violaba de forma tan evidente el procedimiento habitual que Buchanan no la aceptó. Bajo la presión de Washington, la Asamblea de Lecompton ordenó un plebiscito sobre la aprobación de la esclavitud. Como la esclavitud existente en el territorio estaba protegida por la ley, el referéndum que Buchanan promovió como solución de compromiso sólo podía impedir la importación de más esclavos. En el *Discurso sobre el Estado de la Unión* de diciembre de 1857, el presidente insistió en que, según la Ley Kansas-Nebraska, el principio de soberanía popular exigía un referéndum sólo sobre la cuestión de la esclavitud. Cuando Walker no pudo convencer al presidente de que dejara de apoyar la cuestionable Constitución de Lecompton, dimitió como gobernador. El referéndum de finales de diciembre produjo una clara mayoría antiabolicionista, con los ciudadanos de Topeka excluidos de la votación. Estos rechazaron la constitución de Lecompton en un referéndum propio tres semanas después. A pesar de la insistencia de muchos demócratas norteños críticos, Buchanan se aferró a la Constitución de Lecompton, lo que provocó una acalorada discusión en la Casa Blanca a principios de diciembre y, posteriormente, la ruptura con Douglas. Cuenta la leyenda que en esta conversación el Presidente recordó a Douglas el destino de dos senadores renegados que se habían vuelto contra Jackson, a lo que éste respondió que el Presidente Jackson estaba muerto.

A principios de febrero de 1858, presentó al Congreso la Constitución de Lecompton y comparó a los ciudadanos de Topeka con los mormones rebeldes de la Guerra de Utah. En contrapartida, dijo al Congreso que nunca había insistido en un referéndum sobre todo el texto constitucional como condición para reconocer a Kansas como estado, sino que sólo había tenido en mente la cuestión de la esclavitud. También señaló que la constitución podía ser enmendada posteriormente por la Legislatura del Estado, pero esto sólo podía hacerse después de siete años y podía ser bloqueada por una minoría. Tras la aprobación de la Constitución de Lecompton en el Senado, el Presidente se esforzó por conseguir la mayoría en la Cámara de Representantes, donde menos de un tercio de los representantes procedían de estados esclavistas. Los miembros del gabinete de Buchanan presionaron extraordinariamente a los representantes, utilizando el patrocinio de cargos y lucrativas ofertas de negocios como señuelos. Esto adquirió proporciones tan intensas que, dos años después, una comisión del Congreso investigó los hechos sin encontrar pruebas que incriminaran al propio Buchanan.

A pesar de todos los esfuerzos de la Casa Blanca, la Constitución de Lecompton fracasó en la Cámara de Representantes, siendo el rechazo de los demócratas del norte en torno a Douglas el factor decisivo, algo que el presidente nunca le perdonó. Posteriormente retiró de su patrocinio a todos los partidarios de Douglas. Buchanan presentó entonces al Congreso un proyecto de ley propuesto por el representante William Hayden English. El *proyecto de ley de English* otorgaba a Kansas el reconocimiento inmediato como estado si se aprobaba la Constitución de Lecompton; si se rechazaba, el territorio no era admitido hasta que se alcanzara un determinado número de habitantes. Poco después de que el Congreso aprobara la Ley Inglesa, los ciudadanos de Kansas votaron por clara mayoría en contra de la Constitución de Lecompton en agosto de 1858. El territorio recibió así una constitución abolicionista, a la que se opusieron enconadamente en el Congreso los congresistas y senadores sureños hasta que Kansas fue admitido en Estados Unidos como estado en enero de 1861. Buchanan registró el resultado del conflicto constitucional en su *discurso* anual sobre el Estado de la Unión de diciembre de 1858 como un éxito personal, ignorando el daño que había hecho a su partido con su conducta. En este Discurso sobre el Estado de la Unión, Buchanan se explayó desproporcionadamente sobre la política exterior, a la que ahora quería dedicarse tras las crisis internas supuestamente resueltas.

Sin embargo, la cuestión de la esclavitud siguió siendo el tema político central, como había sido el caso durante una generación. La controversia constitucional de Kansas fue un punto de inflexión en la historia de los demócratas. El partidismo de Buchanan por el Sur en el *sangriento Kansas,* que en ningún momento fue más evidente, había dividido a su propio partido y agravado considerablemente el conflicto Norte-Sur. Al hacerlo, avivó los temores en el Norte de que una oligarquía de plantadores controlara pronto todo el país y convirtiera la esclavitud en una institución nacional. Abraham Lincoln acusó a Buchanan de una conspiración conjunta con Taney, Douglas y Pierce con este fin en los debates Lincoln-Douglas y en el discurso House Divided de 1858, citando las circunstancias del *veredicto de Dred Scott contra Sandford* como un momento especialmente incriminatorio. En las elecciones al Congreso del otoño de 1858, los demócratas sufrieron grandes pérdidas en los estados del norte, especialmente en Pensilvania. Sin embargo, el presidente no se mostró dispuesto a moderar su favoritismo hacia los estados del Sur, sino que esperaba que el Norte hiciera concesiones a los estados esclavistas.

Política exterior

Tras el conflicto constitucional de Kansas, Buchanan se concentró en la política sudamericana. Actuó como su propio Secretario de Estado, ya que Cass podría haberse sentido abrumado por su cargo debido a la edad. Buchanan buscó un renacimiento *del Destino Manifiesto*, que había perdido impulso tras las enormes ganancias territoriales bajo la presidencia de Polk, y la aplicación de la Doctrina Monroe, que había sido atacada por España, Francia y especialmente Gran Bretaña en la década de 1850. Para contrarrestar el imperialismo europeo en el hemisferio occidental, quería revisar el Tratado Clayton-Bulwer. Por lo general, también dio prioridad a los intereses de los estados del sur en política exterior. Así, abogó por la expansión hacia México y América Central, propugnando un protectorado sobre las provincias de Chihuahua y Sonora para proteger a los ciudadanos y las inversiones estadounidenses. Cuando la situación allí se desestabilizó con la toma del poder por el general Miguel Miramón, Buchanan temió también la intervención de España o de Napoleón III. Además, desde el principio de su presidencia persiguió la compra de Cuba, que comparó con la Compra de Luisiana. Esperaba que la anexión reunificara al partido dividido e impidiera la influencia de potencias extranjeras en la isla. Al igual que en el *Discurso sobre el Estado de la Unión* del año anterior, Buchanan se centró en la política exterior en esta ocasión, en diciembre de 1859. Afirmó que México aún debía a Estados Unidos indemnizaciones por daños y perjuicios y garantías de seguridad. Por ello pidió al Congreso que autorizara bases militares estadounidenses en territorio mexicano inmediatamente al sur del Territorio de Nuevo México.

No aceptó la objeción de que sólo el Congreso tenía derecho a declarar la guerra en el caso de México, ya que su inestabilidad amenazaba la seguridad de Estados Unidos y necesitaba ayuda vecinal. Al final, los republicanos y los representantes de terceros partidos en el 35º Congreso de Estados Unidos impidieron casi todas las iniciativas legislativas de Buchanan sobre América del Sur y Central. Incluso algunos sureños votaron en contra del presidente porque temían un gobierno federal poderoso que siguiera caminos imperialistas. Sin inmutarse, Buchanan siguió su línea agresiva, e incluso en plena crisis de secesión, en el último *discurso sobre el Estado de la Unión, pidió* sin éxito fondos federales para comprar Cuba y una intervención militar en México. Sin embargo, no fue tan lejos como algunos demócratas de los estados del Sur que apoyaban a los filibusteros, condenando como ilegales las acciones de William Walker, que había llegado a la presidencia en Nicaragua. En general, a diferencia de México y Cuba, Nicaragua nunca fue un objetivo de los planes expansionistas de Buchanan; su única preocupación en este caso era la influencia estratégica y económica en la región. Con este fin y como señal contra nuevos filibusteros, bajo su gobierno se negociaron tratados con Costa Rica, Honduras y Nicaragua.

Durante la presidencia de Buchanan, las tensiones con el Reino Unido se extendieron más allá de Sudamérica. Por ejemplo, Buchanan envió fuerzas dirigidas por el general Scott al noroeste de Estados Unidos cuando estalló el llamado conflicto de los cerdos en el estrecho de Juan de Fuca para relevar al exagerado comandante del distrito, el general William S. Harney, lo que calmó rápidamente la situación. Surgieron nuevas tensiones en torno al comercio marítimo de esclavos. Buchanan rechazaba el comercio de esclavos, y desde 1842 existía el tratado Webster-Ashburton entre Washington y Londres para prohibirlo. Sin embargo, Estados Unidos mostró menos voluntad de detener el comercio de esclavos que los británicos, aunque el presidente mostró más iniciativa en este campo que sus predecesores y aumentó significativamente el número de barcos negreros confiscados reforzando la armada y cooperando más con la Royal Navy. No obstante, muchos traficantes de esclavos siguieron navegando bajo bandera estadounidense, algunos de los cuales fueron detenidos y registrados por la marina británica en el Caribe.

Buchanan, consciente de los motivos de la Guerra de 1812 contra Gran Bretaña, consideró esto un desprecio a la soberanía estadounidense. Tras algunas enérgicas protestas y la movilización de la armada estadounidense, Londres retiró su flota de la región.

Buchanan reaccionó a un incidente menor en Paraguay con una intervención militar. Cuando un barco americano en el Río Paraná fue tiroteado y los americanos locales reclamaron derechos de propiedad frente a Asunción, el presidente ordenó el envío de 2.500 marines y 19 buques de guerra. Esta costosa expedición tardó meses en llegar a Asunción, donde exigieron con éxito concesiones a Estados Unidos. También es posible que esta empresa sirviera para demostrar al mundo el poderío naval propio.

Un objetivo hasta entonces poco advertido del expansionismo de Buchanan era la América rusa. La caza de ballenas en sus aguas ya había adquirido gran importancia económica para Estados Unidos. A medida que las voces más liberales ganaban peso en la política exterior rusa en la década de 1850, la venta de este territorio pasó a ser una posibilidad. Buchanan alimentó esta posibilidad haciendo correr el rumor al embajador ruso Eduard von Stoeckl, en diciembre de 1857, de que gran parte de los mormones tenían la intención de emigrar a la Alaska rusa. Finalmente, en el invierno de 1859/60, llegó una primera oferta de compra de 5 millones de dólares. Stoeckl insistió en iniciar negociaciones formales y presionó a San Petersburgo para que aceptara la oferta. Al final, el proyecto fracasó debido a las reservas del ministro de Asuntos Exteriores Alexander Mikhailovich Gorchakov, pero las conversaciones sirvieron de base para las posteriores negociaciones sobre la compra de Alaska.

Buchanan buscó acuerdos comerciales con el Imperio Chino y Japón. En China, su enviado William Bradford Reed consiguió la inclusión de Estados Unidos como parte del Tratado de Tianjin en junio de 1858. En mayo de 1860, Buchanan recibió a una delegación japonesa formada por varios príncipes, portadores del Tratado Harris negociado por Townsend Harris para su ratificación mutua.

Comisión de Investigación contra Buchanan

Ya desde las elecciones al Congreso de 1858, los republicanos, a los que el presidente despreciaba por considerarlos un grupo de abolicionistas y fanáticos, eran el partido más fuerte del país y tenían la mayoría en la Cámara de Representantes. El último año de Buchanan en el cargo le supuso una humillación política aún mayor. La Comisión de Sobornos del Congreso nombrada por los republicanos para hacer cumplir la Constitución de Lecompton, presidida por John Covode, amplió rápidamente su enfoque para incluir el sistema de patrocinio de la administración Buchanan en su conjunto.

Aunque el patrocinio de cargos y el sistema de botín eran prácticas habituales en la época, el propio presidente había sobrepasado los límites aceptables del clientelismo a ojos de algunos demócratas. Buchanan tachó a la comisión del Congreso de proceso inquisitorial e hizo comentarios mordaces sobre los testigos que le incriminaban. Entre ellos había algunos estrechos colaboradores políticos, lo que dañó aún más la reputación del presidente. Aunque la comisión investigadora era parcial debido a la mayoría republicana entre sus miembros, fue capaz de generar pruebas circunstanciales convincentes de que Buchanan había intentado sobornar a su favor a miembros del Congreso a través de intermediarios en la primavera de 1858. Otros congresistas fueron amenazados con que sus familiares perderían sus empleos si no votaban a favor de la Constitución de Lecompton. Los testigos también declararon que el gobierno federal había utilizado fondos públicos para reforzar la facción contraria a Douglas en su estado natal de Illinois.

Buchanan negó constitucionalmente al Congreso, como órgano legislativo, toda autoridad sobre el poder ejecutivo presidencial, salvo en el caso de un procedimiento de destitución. Al final, se alegró de que la comisión del Congreso no iniciara ningún proceso penal contra él, mientras que la opinión pública se escandalizaba por el amplio alcance de los sobornos que afectaban a todos los niveles y organismos del gobierno y que se dieron a conocer al público en un informe de investigación en junio de 1860. Baker cita dos razones por las que Buchanan, a pesar de su vasta experiencia política, toleró estos abusos en el gabinete: en primer lugar, su aguerrido activismo le había hecho olvidar toda moderación en el conflicto sobre la Constitución de Lecompton, porque había tenido el ambicioso objetivo de zanjar definitivamente la cuestión de la esclavitud en los territorios. Por otra parte, se había visto a sí mismo como protector de los intereses de los estados del sur y no había querido alienar a sus ministros y votantes de esta región. La idea de Buchanan de una nación unida, dominada por los intereses de los plantadores, de blancos libres y afroamericanos esclavizados en todos los territorios y, según la *sentencia del caso Dred Scott contra* Sandford, en los estados libres, resultó ya insostenible.

Elecciones presidenciales de 1860

La relación de Buchanan con el Congreso se deterioró aún más cuando vetó varios componentes de la Homestead Act, argumentando que era injusto para los antiguos colonos conceder tierras gratuitas de hasta 64 hectáreas a los actuales pioneros tras cinco años de cultivo. Anteriormente, había bloqueado un proyecto de ley para fomentar la creación de escuelas agrícolas mediante la concesión de tierras. En ambos casos, su veto apoyó a una minoría de congresistas de los estados del sur. A medida que se acercaba el día de las elecciones presidenciales de 1860, la reputación de Buchanan se vio aún más dañada, ya que los republicanos distribuyeron copias del informe del Comité Covode como parte de su campaña e hicieron de la corrupción de su administración un elemento central de su campaña. En el oeste y noroeste de Estados Unidos, donde la Homestead Act era muy popular, incluso muchos demócratas condenaron la política del presidente, mientras que muchos estadounidenses que consideraban la educación un bien importante se resintieron por el veto de Buchanan a las universidades agrícolas.

En la *Convención Nacional Demócrata de* 1860, celebrada en Charleston, el partido se dividió por la cuestión de la esclavitud en los territorios, lo que perjudicó la reputación del presidente como principal culpable de esta situación. La mayoría de dos tercios necesaria significaba que los estados del Sur podían bloquear a cualquier candidato desagradable. Al final, los estados del Norte nominaron a Douglas y los del Sur a Breckinridge como sus propios candidatos presidenciales. Como Buchanan ya no podía encontrar audiencia en su propio partido, no intentó una solución, sino que apoyó a Breckinridge, que exigía la protección federal de la esclavitud en los territorios. En consecuencia, pidió a los demócratas del Norte que abandonaran el principio de la soberanía popular en los territorios en favor de los esclavistas del Sur.

En noviembre de 1860, Lincoln ganó las elecciones contra los dos candidatos demócratas y contra John Bell, del Partido de la Unión Constitucional, iniciando así más de veinte años de dominio republicano a nivel federal. No fue hasta 1884 cuando un demócrata fue elegido de nuevo a la Casa Blanca, Grover Cleveland. Lincoln debió su victoria a la mayor densidad de población de los estados del norte, que aportaron más votos electorales que los estados del sur y casi todos fueron para él. Contrariamente a la valoración de la mayoría de los historiadores, que consideran este factor demográfico decisivo para la elección, Baker ve sobre todo la división de los demócratas como un requisito importante para la victoria de Lincoln.

Crisis de secesión

Incluso después de la elección de Lincoln, la ruptura de la Unión no era inevitable, aunque los amigos de Buchanan de los estados del Sur le habían amenazado con ello en tal caso. Sin embargo, en los seis estados del Bajo Sur que formaron los Estados Confederados de América en febrero de 1861, la política de apaciguamiento del presidente en ejercicio alentó sus esfuerzos por la secesión. De hecho, los republicanos habían perdido escaños en las elecciones al 37º Congreso de los Estados

Unidos y no controlaban ni el Senado ni la Cámara de Representantes, en caso de que los representantes de los estados del Sur ejercieran su mandato. Sin embargo, tras la elección de Lincoln, la crisis de secesión se desarrolló rápidamente, con Carolina del Sur a la cabeza. Esto se convirtió para Buchanan en el periodo más agónico de su carrera política. Además de la victoria del candidato presidencial republicano, otros motivos de las secesiones posteriores fueron las aspiraciones sureñas a la independencia que existían desde la Crisis de la Nulificación de 1832/33, los cambios políticos en los distintos estados que desafiaban la supremacía de la clase plantadora, el antagonismo con los estados del norte y el pronunciado orgullo de muchos sureños por su modo de vida, que percibían como amenazado.

Ya en otoño, voces radicales habían anunciado que cualquier intento de detener su secesión conduciría a la guerra civil. Ante esta inquietante situación, el general Scott había aconsejado en vano al presidente que reforzara los fuertes federales en el Sur a principios de octubre de 1860. Sobre todo, esta inactividad caracterizó la actuación de Buchanan durante la crisis de secesión y, según Baker, reflejaba su continua predisposición hacia los estados del Sur. Por ejemplo, tras la elección de Lincoln, comentó ante el Congreso que el creciente abolicionismo de los estados del Norte aumentaba el riesgo de insurrecciones de esclavos en el Sur y desestabilizaba a las familias de los plantadores. Esta era la misma retórica que se escuchaba en las convenciones de los estados secesionistas. Los estados del Sur se beneficiaron de poder separarse de la Unión sin trabas gracias a Buchanan y construir la Confederación junto con su ejército y su armada. Carolina del Sur fue la primera en declarar su retirada de Estados Unidos el 20 de diciembre de 1860. A principios de febrero de 1861, Georgia, Florida, Alabama, Luisiana, Misisipi y Texas habían seguido su ejemplo. No obstante, en cada uno de estos estados existía una importante oposición a la secesión, pero Buchanan no hizo ningún esfuerzo por instrumentalizar políticamente estas fuerzas para aislar a Carolina del Sur y evitar nuevas secesiones.

En su *Discurso sobre el Estado de la Unión* de principios de diciembre de 1860, Buchanan dejó claro que los estados individuales no tenían derecho a la secesión según la Constitución, aunque ésta hubiera sido provocada por la agresiva agitación abolicionista de los estados del Norte. Pero ésta no era una circunstancia que no pudiera remediarse con futuras victorias electorales demócratas. Como consecuencia, los congresistas de los estados del sur acudieron en masa a la Casa Blanca para manifestarse en contra de la declaración de Buchanan sobre la ilegitimidad de la secesión, entre ellos Jefferson Davis, mientras que Cobb, el ministro al que tenía en mayor estima, dimitió de su cargo en señal de protesta. Por otra parte, el presidente opinaba que ni él ni el Congreso tenían autoridad para impedir la secesión por la fuerza. Esta estrecha interpretación del poder ejecutivo de la Casa Blanca contrastaba con la anterior interpretación de Buchanan, mucho más amplia, de la autoridad presidencial y la forma de entender el cargo de predecesores como Washington, que él mismo luchó contra la Rebelión del Whiskey como jefe de tropas en 1794, o la agitación de Jackson contra Carolina del Sur durante la Crisis de la Nulificación. Buchanan alegó, entre otras cosas, que sólo podía tomar medidas ante una petición específica de ayuda de un funcionario sobre el terreno. Esto no ocurrió porque, con la secesión, todos los funcionarios federales de allí dimitieron de sus puestos y declararon su lealtad al estado secesionista. Así, el "legalismo" de Buchanan llevó a la Casa Blanca a no hacer nada ante la secesión desenfrenada, a pesar de que Nueva York ya había ofrecido fuerzas para apoyarla. El republicano William H. Seward resumió así la postura de Buchanan: Ningún estado tenía derecho a secesionarse hasta que lo deseara, y el gobierno federal debía mantener unida la Unión a menos que alguien se opusiera.

Durante el crítico mes de diciembre de 1860, Buchanan pasó mucho tiempo en largas reuniones de gabinete. El agotamiento y la tensión le pasaron factura, de modo que olvidó tanto las instrucciones dadas como los mensajes recibidos y algunos días recibió a sus ministros tumbado en la cama. Mientras que hasta entonces había tratado sobre todo a los miembros del gabinete de forma condescendiente, ahora los tomaba en serio como asesores. Cuando Mississippi nombró al Secretario de Interior de Buchanan, Thompson, negociador para discutir la secesión con Carolina del Norte, autorizó el viaje a Raleigh como viaje de negocios. Cuando en diciembre se supo que el Secretario de Guerra Floyd, que ya era considerado incompetente, había malversado fondos públicos y un pariente de su esposa fue detenido en relación con ello, Buchanan no lo destituyó. Por un lado, temía por la opinión pública de Virginia, el estado natal de Floyd, y por otro, consideraba al gabinete como su familia, lo que le obligaba a ser leal. Aunque el presidente le pidió que dimitiera, el Secretario de Guerra se tomó su tiempo, siguió asistiendo a las reuniones del gabinete y utilizó su cargo para suministrar armas pequeñas y munición a los estados del sur. Buchanan lo defendió más tarde en su autobiografía diciendo que estos estados aún no habían declarado su retirada de la Unión cuando se entregaron las armas. No fue hasta los últimos días de diciembre cuando Floyd dimitió de su cargo, aduciendo como motivo la oposición de Buchanan a la secesión.

Incluso cuando la formación de la Confederación por los estados escindidos se hizo cada vez más evidente en el invierno de 1860, el presidente siguió rodeándose de sureños e ignorando a los republicanos. Incluso cuando se puso fin al predominio de los ministros sureños en el gabinete con las dimisiones de Cobb y Floyd, el círculo más cercano de asesores de Buchanan estaba formado en su mayoría por personas del Sur Profundo e incluía a Davis, Robert Augustus Toombs, John Slidell y el subsecretario de Estado William Henry Trescot, que era un agente de los estados secesionistas. La amiga de Buchanan, Rose O'Neal Greenhow, aprovechó su cercanía al presidente para espiar para la Confederación, que ya había establecido una elaborada red para obtener información del eventual enemigo antes de que se formara. Buchanan consideraba que el Congreso, y no él mismo, era el responsable de encontrar una solución a la crisis de la secesión. Como solución de compromiso, el propio Buchanan preveía la adopción de enmiendas a la Constitución de Estados Unidos que garantizaran el derecho a la esclavitud en los estados y territorios del sur y reforzaran el derecho de los esclavistas a reclamar las propiedades de los esclavos fugados en los estados del norte. En los estados del Norte, la pasividad y el partidismo de Buchanan durante la crisis de secesión fueron percibidos con disgusto, y no sólo por los republicanos.

Conflicto en torno a Fort Sumter

Aparte del *discurso sobre el Estado de la Unión,* Buchanan no hizo ningún comentario sobre los planes de secesión de los estados del Sur durante los dos primeros meses tras la elección de Lincoln. Mientras tanto, en relación con su secesión, los estados del Bajo Sur empezaron a apoderarse de propiedades federales en forma de fuertes, puestos de aduanas, arsenales, oficinas de correos y juzgados sin encontrar resistencia. Sólo en el caso de Fort Sumter, en Charleston, estalló abiertamente el conflicto entre el presidente obstruccionista y el movimiento secesionista. A principios de diciembre, Scott pidió refuerzos para Robert Anderson, el nuevo comandante del Ejército de Estados Unidos en Charleston, que en aquel momento aún resistía en Fort Moultrie. Debido a su ubicación entre altas dunas de arena, esta fortificación estaba en gran medida indefensa ante un ataque sin fuerzas adicionales, mientras que Fort Sumter, situado en una isla artificial y dominando el puerto, estaba a punto de ser terminado. Apenas equipada en aquel momento, Carolina del Sur ofreció al presidente una tregua a través de enviados si renunciaba a reforzar los dos fuertes. La indecisión de Buchanan hizo ganar un tiempo valioso a los secesionistas y les hizo entender implícitamente que consideraba que un refuerzo de las tropas de Anderson era una medida coercitiva injustificada de la Confederación contra Carolina del Sur. Al mismo tiempo, envió un embajador al gobernador Francis Wilkinson Pickens con la petición de aplazar la secesión de Carolina del Sur hasta después de la toma de posesión de Lincoln. Cass, el único ministro perteneciente al ala demócrata del Norte en torno a Douglas, dimitió como Secretario de Estado a mediados de diciembre en protesta por la inactividad de Buchanan en relación con los fuertes.

El 26 de diciembre de 1860, Anderson trasladó su unidad desde el amenazado Fort Moultrie a Sumter. En ese momento Buchanan estaba negociando una tregua para el puerto de Charleston con enviados de la ahora independiente Carolina del Sur. Tras enterarse de la operación de Anderson, éstos, junto con los todavía ministros Floyd y Thompson, exigieron a Buchanan la rendición de Fort Sumter. Aunque reconocía, a pesar de su simpatía por los estados del Sur, que esto rayaba en la traición dado el simbolismo nacional que ya había adquirido Fort Sumter, el presidente accedió en un primer momento, alegando en contra de su buen juicio que Anderson se había excedido en su autoridad. Buchanan propuso una solución de compromiso ordenando a Anderson regresar al apenas defendible Fuerte Moultrie, lo que equivalía a una rendición. A cambio, Carolina del Sur debía abstenerse de atacar y entablar negociaciones con el Congreso. Sin embargo, en ese momento, debido a las dimisiones de los ministros sureños, el gabinete contaba con tres miembros fuertes leales a la Unión,

Jeremiah Black, Joseph Holt y Edwin M. Stanton, que amenazaron con dimitir si se abandonaba Fort Sumter. Buchanan, cada vez más fuera de control, cedió y el 31 de diciembre dio vía libre a Black para reescribir el memorando. Esto negó a Carolina del Sur cualquier derecho a apoderarse de propiedad federal y llevó a la indignada delegación a exigir indecorosamente que el presidente desalojara Fort Sumter de inmediato. Buchanan, que se vio sorprendido, se negó entonces a seguir recibiendo a los enviados y apoyó más claramente a la Unión. Más tarde declaró que había mantenido una línea coherente hacia el movimiento de secesión todo el tiempo, pero según Baker, esto se ve rebatido por su comportamiento en el mes de diciembre, que fue un mes de crisis, y especialmente por su voluntad inicial de abandonar Fort Sumter.

Buchanan se pronunció ahora a favor de reforzar Fort Sumter, algo que Scott y la mayoría del gabinete llevaban semanas pidiendo. El 5 de enero, el buque mercante requisado *Star of the West* zarpó con suministros para Fort Sumter, escoltado por el USS *Brooklyn*. Cuatro días después, las baterías del puerto de Charleston, avisadas por espías de Washington, abrieron fuego contra el Star of *the West en* cuanto entró en la bahía. Aunque el buque emitió las oportunas señales de socorro, no recibió fuego de apoyo desde Fort Sumter porque Anderson no había sido informado de esta operación por Buchanan. Como los dos barcos tenían órdenes de mantener la paz, dieron media vuelta sin haber conseguido nada. Buchanan no reaccionó ante esta provocación, sino que pidió al Congreso que actuara porque, como presidente, era su responsabilidad ejecutar las leyes, no hacerlas. Equivocándose por completo con la mayoría republicana en las elecciones de noviembre de 1860, propuso la elección de una convención constitucional para resolver el conflicto. El Compromiso Crittenden, que él apoyaba y que satisfacía la mayoría de las demandas sureñas, fracasó en el Congreso. También se puso en contacto con Lincoln, pero éste no estaba interesado en cooperar con el presidente en ejercicio. En febrero, Scott propuso un nuevo plan para reforzar Fort Sumter, que contó con la aprobación del presidente. Poco después, Buchanan cambió de opinión porque consideraba vinculante el alto el fuego acordado con Carolina del Sur. En su lugar, apoyó la infructuosa conferencia de paz de 1861. Incluso cuando Lincoln debía tomar posesión a principios de marzo, Buchanan vaciló con el refuerzo militar de la capital, del que se hizo cargo Scott por iniciativa propia. En su última mañana en la Casa Blanca, recibió una petición urgente de ayuda de Anderson, quien, a pesar de las garantías previas en sentido contrario, carecía de provisiones y material. Debido al refuerzo de las baterías en Charleston, una operación de suministro marítimo para Fort Sumter sólo podía garantizarse en ese momento con un considerable poder de combate. El día del traspaso de poderes, el 4 de marzo, Buchanan expresó a su sucesor que éste sería un hombre afortunado si esperaba la presidencia con la misma ilusión con que la abandonaba.

Vejez y muerte

Tras asumir el cargo, Buchanan se retiró a la vida privada en Wheatland, donde pasaba la mayor parte del tiempo en su estudio. Un mes más tarde, con el ataque a Fort Sumter, comenzó la Guerra Civil estadounidense, que él consideraba sin alternativa y en la que se puso del lado de los *"demócratas de guerra", es decir,* detrás del ala del partido que rechazaba un acuerdo de paz con los estados del sur. Sin embargo, en la prensa aparecían regularmente noticias no sólo culpándole del estallido de la guerra de secesión, sino también acusándole de traición. Buchanan apoyó la introducción por Lincoln del servicio militar obligatorio universal en los estados del norte, pero se opuso a su Proclamación de Emancipación. Aunque reconoció violaciones constitucionales en algunas de las órdenes ejecutivas del presidente, nunca las criticó en público. Buchanan trabajó duro para reivindicar su administración ante sus críticos, y sólo Richard Nixon le igualó en este esfuerzo de rehabilitación pospresidencial. Una cooperación inicial con Black para este fin fracasó pronto debido a diferencias personales. En 1866, la vindicación autobiográfica de Buchanan se publicó finalmente bajo el título La *administración del Sr. Buchanan en vísperas de la rebelión*.

En esta obra, Buchanan identificó la "influencia perniciosa" de los republicanos y el movimiento abolicionista como razones importantes para la secesión. En el último capítulo, abordó sus logros en política exterior. En general, declaró que estaba satisfecho con todas sus decisiones como presidente, incluso las tomadas durante la crisis de la secesión. De no resolverla, culpó a Anderson, Scott y el Congreso. Dos años después de la publicación de su obra, Buchanan murió de insuficiencia respiratoria el 1 de junio de 1868 a la edad de 77 años, sin haberse cuestionado nunca de forma autocrítica las consecuencias negativas de su presidencia.

Personalidad

Buchanan padecía estrabismo. Además, tenía un ojo miope y el otro hipermétrope. Para disimularlo, inclinaba la cabeza hacia delante y la ladeaba en la interacción social. Algunos interlocutores encontraban simpática esta peculiaridad, ya que les dejaba la impresión de un interés especial por lo que decían, mientras que otros sospechaban que Buchanan tenía tortícolis. De este modo, era motivo de burlas, de las que Clay, entre otros, hizo un uso despiadado en un debate en el Congreso. Su celibato, combinado con el hecho de que probablemente no mantuviera relaciones sexuales con mujeres, configuró la personalidad de Buchanan. Al vivir solo, no estaba acostumbrado al compromiso ni al apoyo emocional, para lo que dependía de sus amigos, especialmente durante la crisis de la secesión. Su estilo de vida célibe iba acompañado de una estrecha comprensión de la virtud, así como de distanciamiento social. Según la biógrafa de Buchanan, Jean H. Baker, su aislamiento queda ejemplificado en su autobiografía, que escribió en tercera persona. Además, la indecisión que aparecía en algunas ocasiones se debía a que carecía de una familia cercana con la que pudiera discutir sus decisiones. En cuanto a las amistades, a menudo no tenía reparos en sacrificarlas si ello le beneficiaba políticamente, razón por la que muchos le percibían como taimado. Como alguien que sólo devolvía la lealtad de forma limitada, se ganó muy poca confianza entre la población como para liderar la nación en su conjunto. Por otra parte, Buchanan era considerado un excelente animador de fiestas, lo que le granjeó muchos amigos de ambos sexos.

Algunos historiadores creen que el senador King, que era conocido como un dandi en su Alabama natal, mantuvo una relación homosexual permanente con James Buchanan. Ambos eran solteros y vivieron juntos en un piso de Washington durante 16 años. El presidente Andrew Jackson apodaba a Buchanan "Miss Nancy" por su personalidad femenina, y un congresista se refería a Buchanan y King como Buchanan y *su esposa*. Hay pruebas de que Harriet Lane y la sobrina de King destruyeron la correspondencia entre sus dos tíos antes de que Buchanan se mudara a la Casa Blanca. La correspondencia que se conserva entre Buchanan y King revela un gran afecto entre ambos, pero esto no era nada inusual en la correspondencia entre hombres heterosexuales en el siglo XIX. Dado que la homosexualidad era un delito penal en aquella época y su descubrimiento significaba la ruina política, Baker considera bastante improbable una relación de este tipo entre ambos. Más bien sospecha que el carácter de Buchanan se caracterizaba por la asexualidad. Si la soltería de Buchanan se debía a su incapacidad para mantener una relación sexual o a su homosexualidad sigue siendo objeto de debate hoy en día y probablemente nunca se aclare.

Las simpatías de Buchanan por los estados del Sur iban más allá de la conveniencia política para su camino hacia la Casa Blanca. Se identificaba con los valores culturales y sociales que encontraba reflejados en el código de honor y el estilo de vida de la clase plantadora y con los que entró en mayor contacto en su comunidad de retiro a partir de 1834. Por ello, Buchanan se sentía más cómodo en compañía de los sureños, por lo que la institución de la esclavitud no sólo carecía de importancia para él, sino que incluso la consideraba un instrumento para civilizar a los negros. Importante en esta evolución fue King, que ejerció una influencia formativa sobre él como su mentor.

Vida después de la muerte

Evaluación histórica

Los archivos y la correspondencia de Buchanan fueron publicados en doce volúmenes por John Bassett Moore hasta 1911 y completados en 1974 por una edición en microfilm de Lucy Fisher West y Philipp Shriver Klein. Tras la Guerra Civil, la reputación de Buchanan permaneció intacta durante mucho tiempo, ya que la reconciliación entre los estados del Norte y del Sur era una prioridad y la historiografía nacional tendía a exagerar el patriotismo de los presidentes estadounidenses. Antes de la Segunda Guerra Mundial, la opinión predominante en la historiografía estadounidense era la pro sureña de que la esclavitud era una institución moribunda y que, por tanto, la Guerra de Secesión era evitable. Durante este periodo aparecieron tres biografías apologéticas de Buchanan, que lo retrataban como un pacificador. Con el fortalecimiento del movimiento por los derechos civiles a partir de la década de 1950, la valoración de su presidencia cambió, e historiadores como Roy Nichols (1948), Allan Nevins (1950), Kenneth M. Stampp (1950) y Michael Holt (1978) fueron unánimes en su valoración negativa, especialmente por su comportamiento indeciso durante la crisis de secesión. En su biografía, Elbert B. Smith (1975) fue el primero en abordar las políticas pro sureñas de Buchanan como una de las razones de su fracaso como presidente, una valoración que posteriormente siguieron Baker (2004) y James M. McPherson (1982), este último describiendo a Buchanan como un ingenuo e inepto simpatizante sureño. Una excepción a este juicio es la monografía de Klein (1962), que retrató a Buchanan como un político preocupado por la paz y un legalista bienintencionado que se enfrentó a acontecimientos que escapaban a su capacidad de control. El historiador Russell McClintock (2008) sostiene algo parecido. John Updike pintó una imagen igualmente positiva de *Buchanan* en la obra *Buchanan Dying* (1974). En general, su presidencia recibió poca atención en la historiografía, en gran parte porque fue eclipsado por su sucesor Lincoln.

Aunque Buchanan siempre se describió a sí mismo como un hombre de los *Derechos de los Estados*, el compromiso con el expansionismo de Estados Unidos y la convicción del excepcionalismo estadounidense comunicada con una retórica chovinista le marcaron como nacionalista. Como justificación *del Destino Manifiesto,* Buchanan, al igual que sus contemporáneos, citó una amplia variedad de motivos, que iban desde la proximidad geográfica y el uso de la tierra hasta la difusión de la libertad y el seguimiento de la voluntad de Dios. Sus justificaciones de la necesidad de intervenir en Sudamérica, basadas en la seguridad de los ciudadanos y las inversiones estadounidenses, eran similares a las invocadas por los presidentes del siglo XX. Sus esfuerzos por obtener del Congreso el derecho a emprender guerras preventivas también se asemejaban a los de los presidentes modernos. En términos históricos, Buchanan fue uno de los presidentes estadounidenses más duros en materia de política exterior y el expansionista más decidido antes de Theodore Roosevelt.

Aferrado a las soluciones políticas del pasado, se negó a reconocer tanto a los abolicionistas como al creciente número de norteños que percibían a los estados del Sur como agresores. Como líder de un partido cuya clientela más importante incluía a la clase plantadora, se aferró a la esclavitud incluso cuando su anacronismo moral y político fue finalmente sentido por la mayoría de los estadounidenses. En su lucha contra los republicanos, a los que tachaba de desleales y antiamericanos, cruzó la tradicional línea de tolerancia de la confrontación partidista. De este modo, Buchanan consiguió en gran medida que los republicanos del Sur fueran percibidos como una amenaza existencial y promovió así la voluntad de secesión. Asimismo, Buchanan fue más allá de la norma generalmente aceptada para un político de su época y posición al favorecer a los estados del Sur. En su partidismo unilateral a favor de los estados del Sur, que mantuvo incluso durante la crisis de la secesión y por tanto, según Baker, opuesto a la Unión, se mostró tan intransigente como el presidente Jackson en el caso contrario, durante la crisis de la anulación. Buchanan también desempeñó un papel importante en la división de los demócratas, que como partido nacional eran esenciales para la preservación de Estados Unidos.

Aunque algunos historiadores y el propio Buchanan subrayan que al salvar Fort Sumter permitió a su sucesor impedir una secesión pacífica, para entonces ya había alentado a los estados secesionistas en sus acciones con su política de apaciguamiento y promovido el crecimiento de las fuerzas armadas confederadas. Además, según Baker, el punto en común con Lincoln es superficial porque Buchanan sólo estaba tratando con un estado secesionista hasta principios de enero de 1861, mientras que Lincoln se enfrentó a los estados confederados desde el principio, que estaban cortejando a más estados esclavistas y el reconocimiento diplomático. Una respuesta más contundente de Buchanan a la secesión de Carolina del Sur, a la confiscación de propiedades federales y a los disparos contra la *Estrella del Oeste* podría haber evitado la formación de la Confederación. Mientras que Lincoln había sobrestimado la lealtad a la Unión en los estados fronterizos, Buchanan la había subestimado en los estados del sur. Además, su comprensión ofensiva de los poderes ejecutivos de la Casa Blanca le diferenció de sus homólogos de la época anterior a la Guerra Civil, a menudo pasivos, como un presidente fuerte pero equivocado. Por otra parte, su conducta durante la crisis de secesión destaca en la comparación histórica con otros presidentes por lo que dejó de hacer y la lentitud de lo que acabó haciendo. No obstante, la imagen de Buchanan que la mayoría de los estadounidenses tienen de él como indeciso e inactivo es errónea, y su fracaso en la crisis de secesión se debió a su preferencia unilateral por los estados del Sur, que le acercó a la traición más que a ningún otro presidente de Estados Unidos.

Sobre todo porque bajo Buchanan el conflicto entre los estados del Norte y del Sur se intensificó hasta el punto de la secesión sin que él hiciera nada efectivo al respecto, la mayoría de los historiadores lo consideran uno de los presidentes estadounidenses más débiles y siempre ocupa uno de los últimos lugares en las clasificaciones de expertos basadas en encuestas, junto a Warren G. Harding y Nixon, incluso por detrás de sus fracasados predecesores Fillmore y Pierce (a partir de 2004). Las excepciones a esta opinión negativa son los biógrafos de Buchanan George Ticknor Curtis y Philip S. Klein. Algunos historiadores sostienen que Buchanan fue expulsado como presidente en el momento de la crisis de secesión y que, por tanto, fue un Lame Duck. Según Baker, Buchanan presidió una administración históricamente desleal con la Unión Americana de un modo insuperable. Considera que el comportamiento en el conflicto constitucional sobre Kansas, en el que no prestó atención a las objeciones del ala norte de los demócratas, la pasividad hacia Carolina del Sur durante la crisis de secesión, que a los estados del Sur les pareció un acuerdo silencioso, y la posterior retirada rescindida de Anderson a Fort Moultrie fueron los mayores errores de su presidencia. En definitiva, su arrogante concepción del poder, su inclinación ideológica por los valores de los plantadores sureños y su convicción de la extinción natural de la esclavitud se interpusieron demasiado en su camino como para poder responder de forma pragmática y con sentido de las mayorías a los divergentes grupos de interés dentro de Estados Unidos, de modo que al final no pudo evitar ni la escisión del partido ni la de la nación. Un argumento similar al de Baker es el del historiador jurídico Paul Finkelman, que considera la influencia de Buchanan en la *sentencia Dred Scott contra Sandford* como otro error fatal que llevó a Estados Unidos por el camino de la guerra civil. Más recientemente, en cambio, Michael J. Birkner y John W. Quist (2014) subrayan que el estado de la investigación sobre Buchanan es demasiado inconsistente como para considerarlo el peor presidente de la historia estadounidense.

Honores y monumentos

Tres condados de Estados Unidos llevan su nombre. Su residencia de Wheatland fue declarada Monumento Histórico Nacional en julio de 1961 y figura en el Registro Nacional de Lugares Históricos como *Casa de James Buchanan* desde octubre de 1966. La Serie del Dólar Presidencial, lanzada en 2007, acuñó monedas en 2010 con los retratos de Fillmore, Pierce, Buchanan y Lincoln.

Obras

- *La administración en vísperas de la rebelión: Historia de cuatro años antes de la guerra.* (1865). LCCN 10-010286.

- John Bassett Moore (ed.): *Las obras de James Buchanan.* 1908-1911, LCCN 08-012119.

No ficción

- Thomas A. Horrocks: *James Buchanan.* En Ken Gormley (ed.): *The Presidents and the Constitution. Volume 1* (= *From the Founding Fathers to the Progressive Era*). New York State University Press, Nueva York 2020, ISBN 978-1-4798-2323-9, pp. 194-210.

- Michael J. Birkner, Randall Martin Miller, John W. Quist (eds.): *The Worlds of James Buchanan and Thaddeus Stevens: Place, Personality, and Politics in the Civil War Era.* Louisiana State University Press, Baton Rouge 2019, ISBN 978-0-8071-7081-6.

- Michael J. Birkner, John W. Quist (eds.): *James Buchanan and the Coming of the Civil War.*

Edición en rústica. Universidad de Florida, Gainesville 2014, ISBN 978-0-8130-6099-6.

- Heike Bungert: *James Buchanan (1857-1861): Legalista amigo del Sur en la crisis de la Unión*. En: Christof Mauch (ed.): *Die amerikanischen Präsidenten: 44 historische Portraits von George Washington bis Barack Obama*. 6ª edición, continuada y actualizada. Beck, Múnich 2013, ISBN 978-3-406-58742-9, pp. 65-72.

- Jean H. Baker: *James Buchanan*. (= *Serie The American Presidents*. Editado por Arthur M. Schlesinger, Sean Wilentz. *The 15th President*). Times Books, Nueva York 2004, ISBN 0-8050-6946-1.

- Michael J. Birkner (ed.): *James Buchanan and the Political Crisis of the 1850s*. Susquehanna University Press, Cranbury 1996, ISBN 978-0-945636-89-2.

- Elbert B. Smith: *La Presidencia de James Buchanan*. University Press of Kansas, Lawrence 1975, ISBN 978-0-7006-0132-5.

- Philip Shriver Klein: *Presidente James Buchanan: una biografía*. American Political Biography Press, Newton 2010, ISBN 978-0-9457-0711-0.

- Roy Franklin Nichols: *El trastorno de la democracia americana.* Macmillan, Nueva York 1948, LCCN 48-006344

Otros libros de United Library

https://campsite.bio/unitedlibrary

9 789464 901344